32.-

Kues · Vom Sehen Gottes

Nikolaus von Kues

Vom Sehen Gottes

Ein Buch mystischer Betrachtung
Aus dem Lateinischen übertragen von
Dietlind und Wilhelm Dupré.
Mit einem Nachwort von
Alois M. Haas

Artemis

Die Reihe «Unbekanntes Christentum»
wird herausgegeben von Alois M. Haas

Die deutsche Übersetzung von «De visione Dei» stammt aus den «Philosophisch-theologischen Schriften» des Nikolaus von Kues (1967) und wird hier mit freundlicher Erlaubnis des Herder-Verlags (Wien) abgedruckt.

Umschlag und Typographie: Peter Rüfenacht, Artemis
Printed in Germany · ISBN 3 7608 0728 3

Inhalt

ABHANDLUNG ÜBER DIE GOTTESSCHAU ODER DAS BILD, VERFASST VON DEM IN CHRISTUS VEREHRUNGSWÜRDIGEN VATER UND HERRN NIKOLAUS VON KUES, PRIESTER, KARDINAL VON ST. PETER IN KETTEN UND BISCHOF VON BRIXEN, AN DEN ABT UND DIE BRÜDER VON TEGERNSEE

Ich will euch jetzt, geliebte Brüder, meine Gedanken über einen leicht faßlichen Zugang zur mystischen Theologie darlegen, wie ich es schon früher versprochen habe. Ich weiß, daß euch der Eifer für Gott leitet und so halte ich euch für würdig, daß euch dieser so überaus kostbare und fruchtbare Schatz zugänglich gemacht werde. Vor allem bitte ich den Allmächtigen, daß er mir sein göttliches Wort schenke und jene Rede gebe, die allein sich selbst offenbaren kann, auf daß ich eurem Fassungsvermögen gemäß das Wunderbare darzulegen vermag, das sich uns über aller sinnlichen, verständigen und vernunfthaften Schau enthüllt. Ich werde versuchen, euch in ganz einfacher und allgemein begreiflicher Weise an der Hand zu nehmen und nach Art der Selbstbetätigung in das heilige Dunkel zu führen. Weilt ihr dort, so werdet ihr empfinden, daß das unzugängliche Licht gegenwärtig ist. Jeder muß dann aus sich selbst in einer Weise, in der es ihm Gott zugesteht, danach trachten, ihm immer näher zu kommen und in süßem Vorgeschmack hier schon jenes Mahl ewiger Glückseligkeit zu kosten, zu dem wir gerufen sind im Wort des Lebens durch die Frohbotschaft Christi, der immer gepriesen sei.

Vorwort

Trachte ich, euch in menschlicher Weise zum Göttlichen zu führen, so muß dies auf dem Weg des Gleichnisses geschehen. Unter den menschlichen Werken aber fand ich kein Bild, das unserem Vorhaben besser entspräche als das des Alles-Sehenden. Ich meine ein solches Bild, das durch außerordentliche Kunst der Malerei so wirkt, als ob es alles ringsherum überschaue. Es gibt viele ausgezeichnete Bilder dieser Art; z. B. das des Bogenschützen in Nürnberg, ferner ein sehr kostbares Bild im Rathaus zu Brüssel, das von dem großen Maler Roger stammt; in Koblenz ist eines in meiner Veronikakapelle; ferner in der Burg von Brixen, d. h. der Engel, der das Wappen der Kirche trägt und viele andere. Damit ihr aber nun bei der tatsächlichen Betrachtung, die ein solches Bild erfordert, nicht versagt, schicke ich Euch, liebe Brüder, das Bild, das ich eben bekommen konnte. Es stellt einen Alles-Sehenden dar, und ich nenne es ein Bild Gottes. Befestigt es irgendwo, z. B. an einer Nordwand und stellt euch dann in gleichem Abstand von ihm auf. Schaut es an und jeder von Euch, von welcher Stelle er es auch betrachtet, wird erfahren, daß jenes Bild ihn gleichsam allein anblickt. Dem Bruder, der im Osten steht, scheint das Antlitz in östlicher Richtung zu blicken, dem im Süden, in südlicher und dem in Westen, in westlicher.

Zuerst werdet ihr euch darüber wundern, wie es geschehen kann, daß es alle und jeden einzelnen zugleich ansieht. Denn derjenige, welcher im Osten steht, kann sich in keiner Weise vorstellen, daß der Blick des Bildes auch in eine andere Richtung, nach Westen oder Süden, gerichtet ist. Nun mag der Bruder, der im Osten steht, sich nach Westen begeben und erfahren, daß der Blick hier ebenso auf ihn gerichtet ist wie vordem im Osten. Und da er weiß, daß das Bild fest hängt und unbeweglich ist, wird er sich über die Wandlung des unwandelbaren Blickes wundern. Auch wenn er seinen Blick fest auf das Bild heftet und von Osten nach Westen geht, wird er erfahren, daß der Blick des Bildes ununterbrochen mit ihm geht und, kehrt er von Westen nach Osten zurück, ihn auch dann nicht verläßt. Er wird sich wundern, wie dieser Blick sich unbeweglich bewegte. Und noch weniger wird sein Vorstellungsvermögen es fassen können, daß er sich mit einem anderen, der ihm selbst aus entgegengesetzter Richtung begegnet, in derselben Weise bewegt. Um dies zu erproben, lasse er einen Mitbruder, den Blick auf das Bild geheftet, von Osten nach Westen gehen, während er selbst von Westen nach Osten wandert; sobald er ihm begegnet, mag er ihn fragen, ob der Blick des Bildes ständig mit ihm wandle, und ihm glauben, so er hört, daß der Blick des Bildes sich gleichermaßen mit ihm und entgegengesetzt bewegt. Sollte er nicht glauben, würde er nicht fassen, daß dies möglich ist.

So gelangt er durch die Mitteilung des Berichtenden zum Wissen, daß jenes Antlitz alle, auch die in entgegengesetzter Richtung Wandernden nicht verläßt. Er erfährt, daß das unbewegliche Antlitz sich ebenso nach Osten wie nach Westen, ebenso nach Süden wie nach Norden bewegt, und ebenso zu einem Ort wie zu allen und ebenso zu einer Bewegung wie zu allen hinblickt. Und während er darauf achtet, daß dieser Blick niemanden verläßt, wird er gewahr, daß er um jeden einzelnen so Sorge trägt, als ob er sich allein um ihn, der erkennt, daß er angeblickt wird, kümmern würde und um keinen anderen; und das so sehr, daß derjenige, den er anblickt, nicht zu begreifen vermag, daß er auch um einen anderen Sorge trägt. So wird er auch sehen, daß er dem geringsten Geschöpf die gleiche eifrige Sorge widmet wie dem größten und dem ganzen Gesamt. Durch solche sinnliche Erscheinungen möchte ich euch, geliebte Brüder, mittels einer Art Andachtsübung zur mystischen Theologie emporführen, wobei ich drei hierzu geeignete Dinge vorausschicken will.

I

Die Vollkommenheit der Erscheinung wird in bezug auf den vollkommenen Gott bewahrheitet

An erster Stelle, so meine ich, muß man zugrunde legen, daß im Blick des Bildes Gottes nichts erscheinen kann, das im wahren Blick Gottes nicht wahrer wäre. Gott, die Höhe aller Vollkommenheit und größer als er gedacht werden kann, wird ja deshalb so, d. h. der Theos genannt, weil er alles schaut. Wenn daher ein gemalter Blick auf einem Bild so erscheinen kann, als betrachte er zugleich alles und jedes einzelne, dann kann dies, da es die Vollendung des Blickes ist, der Wahrheit nicht weniger wahrhaft zukommen als es dem Abbild oder der Erscheinung erscheinungshaft zukommt.

Auch wenn bei uns das eine Sehen schärfer ist als ein anderes und eines nur das Nahe, ein anderes hingegen auch das Fernere unterscheidet, und eines einen Gegenstand schneller, ein anderes ihn langsamer erreicht, so gibt es keinen Zweifel, daß das absolute Sehen, von dem jedes Sehen der Sehenden herstammt, alle Schärfe, Schnelligkeit und Kraft aller tatsächlich Sehenden und aller, die zu Sehenden werden können, übertrifft.

Wenn ich das losgelöste Sehen, das ich im Geist von

allen Augen und Organen abgelöst habe, betrachte und bedenke, daß dieses entbundene Sehen in seinem verschränkten Sein – dem gemäß eben die Sehenden durch das Sehen sehen – zu Zeit, Himmelsrichtungen, einzelnen Gegenständen und dergleichen Bedingungen verschränkt ist und daß das abstrakte Sehen von diesen Bedingungen gleichermaßen gelöst und frei ist, dann begreife ich wohl, daß es nicht der Seinsheit des Sehens entspricht, ein Ding mehr zu betrachten als ein anderes, wenn es auch zum Sehen im verschränkten Sein gehört, daß es, während es das eine betrachtet, nicht das andere oder alles in absoluter Weise betrachten kann. Gott aber, da er das wahre, unverschränkte Sehen ist, ist nicht geringer als das, was die Vernunft vom entbundenen Sehen begreifen kann. Er ist vielmehr über jedes Vergleichsverhältnis hinaus vollkommener. Darum vermag auch die sichtbare Erscheinung des Bild-Blickes noch viel weniger als der Begriff, der höchsten Vollendung des absoluten Sehens nahezukommen. Darum dürfen wir nicht zweifeln, daß das, was in jenem Bild erscheint, im absoluten Sehen in überragendem Maße enthalten ist.

II

Das absolute Sehen umfaßt alle Maßweisen des Sehens

Weiters achte darauf, daß das Sehen im Sehenden je nach der Verschiedenheit seiner Verschränkung verschieden ist. Unser Sehen folgt sowohl den Eindrükken körperlicher als auch seelischer Art. Darum sieht einer zuerst in Liebe und Freude, dann in Schmerz und Zorn, zuerst kindlich, dann männlich, ernst und greisenhaft. Das von aller Verschränkung losgelöste Sehen jedoch umfaßt zugleich und auf einmal alle und jede einzelne Weise des Sehens; gleichsam als das angemessene Maß und das wahrste Urbild alles Sehens. Denn ohne das absolute Sehen kann es kein verschränktes geben. Es umfaßt in sich alle Maßweisen des Sehens, und zwar so, daß es alle wie jede einzelne in sich begreift. Dennoch bleibt es von aller Verschiedenheit völlig frei. Im absoluten Sehen sind nämlich alle Blickweisen der Verschränkungen unverschränkt. Jede Verschränkung ist im Absoluten, weil das absolute Sehen die Verschränkung der Verschränkungen ist. Diese Verschränkung aber ist unverschränkbar. Die einfachste Verschränkung fällt daher mit dem Absoluten zusammen. Ohne Verschränkung aber wird nichts verschränkt. So ist die absolute Schau in jedem Sehen, weil durch sie jede verschränkte Schau ist und ohne sie in keiner Weise sein kann.

III

Alle Aussagen über Gott sind in Wirklichkeit voneinander nicht verschieden

Ferner achte darauf, daß alles, was über Gott ausgesagt wird, wegen der höchsten Einfachheit Gottes voneinander nicht verschieden sein kann, auch wenn wir wegen dieser und jener Gründe Gott immer andere Namen beilegen. Gott als der absolute Wesenssinn eines jeden bildbaren Wesenssinnes schließt alle Wesensbestimmungen in sich ein. Obwohl wir daher Gott Sehen, Hören, Geschmack, Geruch, Gefühl, Sinn, Verstand und Vernunft und dergleichen beilegen, gemäß der je anderen Bedeutungen dieser Worte, ist dennoch in ihm das Sehen vom Hören, Schmecken, Riechen, Berühren, Empfinden und Verstehen nicht verschieden. Und darum sagt man, daß die ganze Theologie in der Kreisstruktur gegeben sei, weil die eine der Gott zugeschriebenen Eigenschaften durch die andere bestätigt wird. Bei Gott ist Haben Sein, Bewegung Stehen, Laufen Ruhen; und dasselbe gilt für die übrigen Attribute. Wenn wir ihm also auch nach der einen Betrachtungsweise die Aussage zuteilen, er bewege sich, und nach der anderen, er stehe, so kann es doch in Gott, als dem absoluten Wesenssinn, in dem alle Andersheit Einheit und alle Verschiedenheit

Selbigkeit ist, die Verschiedenheit der Wesensgründe, als welche wir die Verschiedenheit verstehen, welche nicht die Selbigkeit ist, nicht geben.

IV

Das Sehen Gottes wird Vorsehung, Gnade und ewiges Leben genannt

Tritt nun, Bruder und Betrachter, heran zum Bild Gottes; zuerst stelle dich im Osten auf, danach im Süden und zuletzt im Westen. Weil der Blick des Bildes dich überall gleichermaßen anschaut und nicht verläßt, wohin immer du auch wandern magst, so wird in dir die Betrachtung geweckt; du fühlst dich aufgerufen und wirst sprechen: Herr, ich schaue nun in Deinem Bild Deine Vorsehung in sinnlicher Erfahrung. Denn wenn Du mich, der ich der niedrigste von allen bin, nicht verläßt, dann wirst Du niemals irgendeinen verlassen. In gleicher Weise bist Du mit allen und jedem Einzelnen, so wie das Sein mit ihnen ist, ohne das sie nicht zu sein vermögen.

Du bist also als das absolute Sein von allem so bei sämtlichen Wesen, als ob du um nichts anderes Sorge trügest. Und darum gibt es kein Ding, das nicht sein Sein allem übrigen und seine Seinsweise allen anderen Seinsweisen vorzöge. Und so sehr blickt es auf sein Sein, daß es lieber zuläßt, daß das Sein aller anderen zugrunde geht als sein eigenes. Denn Du Herr, betrachtest alles, was ist, in einer Weise, daß man auch durch alles, das ist, nicht fassen kann, daß Du noch um etwas anderes Sorge trügest, als darum, daß nur es allein auf die bestmögliche Weise bestehe, nach der es bestehen kann, und daß alle anderen Dinge, die sind, allein dazu da sind, dem, welches Du ansiehst, so zu dienen, daß es auf die beste Weise sei. Du läßt mich in keiner Weise begreifen, Herr, daß Du etwas außer mir mehr als mich liebst, da mich Dein Blick nicht verläßt. Und weil das Auge dort ist, wo die Liebe weilt, erfahre ich, daß Du mich liebst; denn über mir, deinem geringen Diener, ruht Dein Auge in größter Aufmerksamkeit.

Dein Sehen, Herr, ist Lieben, und wie Dein Blick mich so aufmerksam betrachtet, daß er sich nie von mir abwendet, so auch Deine Liebe. Und weil Deine Liebe immer mit mir und sie nichts anderes ist als Du selbst, der mich liebt, darum bist Du immer mit mir, Herr, Du verläßt mich nicht. Von allen Seiten behütest Du mich, weil Du aufmerksamst Sorge für mich trägst. Dein Sohn, Herr, verläßt mein Sein nicht. Soweit Du mit mir bist, soweit bin ich. Und da Dein Sehen Dein Sein ist, bin ich also, weil Du mich anblickst. Wendest Du Dein Antlitz von mir, so würde ich in keiner Weise weiter bestehen. Aber ich weiß, daß Dein Blick jene größte Güte ist, die nicht anders kann, als sich jedem Aufnahmefähigen mitzuteilen. Darum kannst Du mich nie verlassen, solange ich fähig bin, Dich aufzunehmen. An mir also liegt es, soviel ich nur vermag, mich immer empfänglicher für Dich zu machen. Ich weiß aber, daß diese Aufnahmefähigkeit, welche Vereinigung gewährt, nichts ist als Ähnlichkeit. Die Unfähigkeit aber stammt aus Unähnlichkeit. Wenn ich mich also in jeder nur möglichen Weise Deiner Gutheit ähnlich gemacht habe, werde ich gemäß dem Grad dieser Ähnlichkeit die Wahrheit empfangen können.

Du hast mir, Herr, das Sein gegeben; und zwar ein solches Sein, das sich Deiner Gnade und Güte ständig mehr empfänglich machen kann. Diese Kraft, die ich von Dir erhalten habe und in der ich ein lebendiges Abbild der Kraft Deiner Allmacht besitze, ist der freie Wille, durch den ich die Aufnahmefähigkeit für Deine Gnade vergrößern oder verringern kann. Ich kann sie vergrößern durch Angleichung, wenn ich mich bemühe, gut zu sein, weil Du gut bist, gerecht zu sein, weil Du gerecht bist und barmherzig zu sein, weil Du barmherzig bist; ich kann es tun, wenn mein ganzes Bemühen auf Dich hin gerichtet ist, weil all Dein Bemühen mir zugewandt ist; wenn ich Dich allein mit ganzer Aufmerksamkeit betrachte und meine Augen nie abwende, weil Du mich in ständiger Schau umfängst; wenn ich meine Liebe allein auf Dich richte, da Du, der Du die Liebe bist, allein mir zugewandt bist.

Und was ist, Herr, mein Leben, wenn nicht jene Umarmung, in der die süße Freude Deiner Liebe mich so liebevoll umschließt? Aufs höchste liebe ich mein Leben, da Du die Süßigkeit meines Lebens bist. Ich betrachte nun im Spiegel, Bild und Gleichnis das ewige Leben, das nichts anderes ist als die selige Schau, in der Du mich ohne Unterlaß in voller Liebe bis in das Innerste meiner Seele anblickst. Und nichts anderes ist Dein Sehen als Lebendigmachen; es ist nichts anderes als Deine süße Liebe ständig in mich einströmen zu lassen, und durch dieses Einströmenlassen der Liebe die Liebe zu Dir zu entflammen und durch dieses Entflammen zu nähren; durch das Nähren meine Sehnsucht zu entzünden, im Entzünden mich mit dem Tau der Freude zu tränken und damit den Quell des Lebens mit einströmen zu lassen, und in diesem Einfließen zu vergrößern und ewig zu machen. Es ist nichts anderes als Deine Unsterblichkeit mitzuteilen, die unerreichbare Herrlichkeit des erhabenen und gewaltigen himmlischen Reiches zu schenken, und mich an jenem Erbe teilhaben zu lassen, das dem einzigen Sohne gehört; es ist nichts anderes als den Besitz der ewigen Seligkeit zu begründen. In ihr ist der Ursprung aller Freuden, die wir ersehnen können. Besseres als sie könnte nicht nur kein Mensch oder Engel erdenken, sondern es könnte es auch in keiner Seinsweise geben. Sie ist die absolute Erfüllung alles wesensmäßigen Verlangens, über die hinaus es keine größere geben kann.

V

Sehen ist Kosten, Suchen, Erbarmen und Wirken

Wie groß ist die Fülle Deiner Süßigkeit, die Du für jene verborgen hältst, die Dich fürchten. Sie ist ein unerschöpflicher Schatz ganz erfüllt von Freude und Fröhlichkeit. Deine Süßigkeit zu kosten, bedeutet in erfahrungshafter Berührung die Wonne alles Ergötzlichen ursprünglich zu erfassen; heißt den Wesenssinn alles Ersehnbaren in deiner Weisheit berühren. Denn den absoluten Wesenssinn, den Wesenssinn aller Dinge, zu sehen, bedeutet nichts anderes als Dich, o Gott, im Geiste zu verkosten; Dich, der Du die Süßigkeit des Seins, des Lebens und des Verstehens bist.

Was anderes ist Dein Sehen, Herr, wenn Du mich mit liebendem Auge betrachtest, als daß ich Dich sehe: indem Du mich ansiehst, läßt Du, der verborgene Gott, Dich von mir erblicken. Jeder vermag Dich nur soweit zu sehen, als Du es ihm gewährst. Nichts anderes ist es Dich zu sehen, als daß Du den Dich Sehenden ansiehst. In diesem Deinem Bild, o Herr, sehe ich, wie sehr Du geneigt bist, Dein Antlitz allen denen zu zeigen, welche Dich suchen. Denn niemals schließt Du Deine Augen, niemals wendest Du Dich ab, mag auch ich mich von Dir fort- und gänzlich einem anderen zuwenden. Du wendest deshalb weder Auge noch Blick von mir. Blickst Du mich nicht mit dem Auge der Gnade an, so liegt es an mir, der ich von Dir getrennt bin, weil ich mich von Dir ab- und einem anderen zugewandt habe, das ich Dir vorziehe. Dennoch wendest Du Dich nicht völlig von mir ab. Dein Erbarmen folgt mir, harrend, ob ich wohl einmal empfänglich für Deine Gnade zu Dir zurückkehren möchte. Daß Du mich nicht betrachtest, ist deshalb der Fall, weil ich Dich nicht betrachte, sondern abweise und geringschätze.

O unendliche Güte und Liebe, wie unselig ist jeder Sünder, der Dich, die Quelle des Lebens, verläßt und nicht in Dir sucht, sondern in dem, das in sich selbst nichts ist und nichts geblieben wäre, wenn Du es nicht aus dem Nichts gerufen hättest. Wie töricht ist der, welcher Dich, der Du die Gutheit bist, sucht und während er Dich sucht, von Dir abweicht und seine Augen abwendet? Jeder der sucht, sucht ja nichts anderes als das Gute, und jeder der das Gute sucht und von Dir abweicht, weicht von dem ab, das er sucht. So geht jeder Sünder irre und weicht immer weiter von Dir ab. Sobald er jedoch zu Dir zurückkehrt, eilst Du ohne Zögern ihm entgegen und bevor er Dich noch erblickt hat, richtest Du schon die Augen voll väterlicher Liebe mitleidig auf ihn. Dein Erbarmen ist nichts anderes als Dein Sehen. Daraus folgt also, daß Dein Erbarmen keinen Menschen, solange er lebt und wohin er auch immer wandern mag, verläßt; ebenso wie Dein Blick niemanden verläßt. Solange also ein Mensch lebt, läßt Du nicht davon ab, ihm zu folgen und ihn mit süßer innerer Mahnung anzutreiben, von seinem Irrtum abzulassen und zu Dir zurückzukehren, um glücklicher zu leben.

Du, Herr, bist der Gefährte meiner Pilgerfahrt. Wohin ich auch wandere, Deine Augen sind immer über mir. Dein Sehen aber ist Dein Bewegen. Du bewegst Dich also mit mir und läßt von dieser Bewegung nicht ab, solange ich mich bewege. Ruhe ich, so bist Du mit mir, steige ich hinan, so steigst auch Du hinan und steige ich hinab, so steigst Du auch hinab. Wohin ich mich wende, Du bist mit mir. Du verläßt mich nicht in Zeiten der Trübsal. Sooft ich Dich anrufe, bist Du mir nahe; denn Dich anrufen bedeutet mich zu Dir zu wenden. Du kannst dem nicht fern sein, der sich zu Dir wendet, und niemand vermöchte sich Dir zuzuwenden, wenn Du nicht vorher schon zugegen wärest. Du bist gegenwärtig noch bevor ich mich zu Dir wende; denn wärest Du nicht zugegen und würdest mich nicht anregen, so wüßte ich gar nichts von Dir. Und wie sollte ich mich Dir zuwenden, den ich gar nicht kennte?

Du also, der Du alles siehst, bist mein Gott. Dein Sehen bedeutet Wirken. Du wirkst alles. Nicht uns, Herr, nicht uns, sondern Deinem großen Namen, der Du der Theos bist, singe ich ewigen Ruhm. Nichts habe ich ja, das Du nicht gibst. Und nichts könnte ich behalten, wenn Du es nicht bewahrtest. Du gewährst mir alles. Mächtig und gütig bist Du, Herr, weil Du mir alles schenkst. Du bist der Verwalter, der für alles sorgt. Du bist es, der vorsieht, der Sorge trägt und der bewahrt. Und dies alles wirkst Du in einem einfachen Hinsehen. Gepriesen seist Du in Ewigkeit.

VI

Die Schau von Angesicht

Je länger ich Dein Antlitz betrachte, mein Herr und Gott, desto schärfer scheint mir, richtest Du den Blick Deiner Augen auf mich. Und dieses Schauen läßt mich bedenken, daß und wie dieses Abbild Deines Antlitzes deshalb sinnenfällig abgebildet ist, weil ein Antlitz ohne Farbe nicht abgebildet zu werden vermag und Farbe ohne Quantität nicht existiert. Aber ich sehe – nicht mit meinen leiblichen Augen, die dieses Dein Bild betrachten, sondern mit geistigen und vernünftigen Augen – die unsichtbare Wahrheit Deines Gesichtes, für welche dieses verschränkte Schattenbild ein Zeichen ist. Jene Wahrheit hat weder Quantität, noch Qualität, noch Zeit, noch Ort. Sie ist die absolute Gestalt, das Angesicht der Angesichte.

Wenn ich bedenke, daß jenes Angesicht die Wahrheit und das angemessenste Maß aller Angesichter ist, gerate ich in tiefes Staunen. Dieses Angesicht, das die Wahrheit aller Angesichter ist, ist nicht Quantität. Darum ist es auch nicht größer und nicht kleiner, noch ist es irgendeinem gleich, weil es eben nicht quantitativ, sondern absolut und überaus erhaben ist. Es ist also die Wahrheit, welche die von jeder Quantität losgelöste Gleichheit ist. So verstehe ich, daß Dein Antlitz, Herr, jedem formbaren Antlitz vorausgeht und das Urbild und die Wahrheit aller Angesichter ist; und daß alle Gesichter Abbilder Deines unverschränkbaren und unpartizipierbaren Antlitzes sind. Darum sieht jedes Antlitz, das in Deines blickt, nichts sich selbst gegenüber Anderes und Verschiedenes, da es seine Wahrheit sieht. Die Wahrheit des Urbildes aber kann nicht anders oder verschieden sein. Derartiges kommt nur dem Abbild zu, weil es eben nicht das Urbild selbst ist.

Wenn ich dieses gemalte Gesicht von Osten her betrachte, so scheint mir, daß es mich in gleicher Weise betrachtet; dasselbe geschieht, wenn ich von Süden oder Westen komme. Wie immer ich also mein Gesicht bewege, Dein Antlitz erweist sich als mir zugekehrt. So ist Dein Angesicht allen zugewandt, die Dich betrachten.

Dein Blick, Herr, ist Dein Angesicht. Wer Dich also mit liebevollem Gesicht betrachtet, findet nichts anderes, als daß Dein Gesicht ihn liebevoll ansieht; und je mehr er sich bemüht, Dich mit größerer Liebe anzublicken, umso liebevoller wird er Deinen Blick finden. Wer Dich feindselig ansieht, wird Dein Antlitz ebenfalls so sehen. Wer Dich fröhlich betrachtet, wird Dein Antlitz von Freude erfüllt sehen, so wie es das seine ist, das Dich anblickt. So glaubt das leibliche Auge, das durch ein rotes Glas blickt, daß alles rot sei, was es sieht, oder alles grün, wenn es durch ein grünes blickt. Genauso beurteilt jedes geistige Auge, das in Verschränkung und Leidenschaft verstrickt ist, Dich, den Gegenstand des Geistes, der Natur seiner Verschränkung und seiner Leidenschaften entsprechend.

Der Mensch kann nicht anders als nur menschlich urteilen. Wenn er Dir ein Antlitz zuspricht, so sucht er es nicht außerhalb der menschlichen Eigengestalt, da sein Urteil innerhalb der menschlichen Natur verschränkt ist. Und das Gebundensein an diese Verschränkung verläßt er nicht beim Urteilen. Genauso würde auch ein Löwe, wenn er Dir ein Gesicht zuschriebe, es für nichts anderes als ein löwenartiges, ein Rind für das eines Rindes und ein Adler für das eines Adlers halten.

O Herr, wie bewundernswert ist Dein Antlitz, das ein Jüngling, wollte er es erfassen, sich als das eines Jünglings, ein Mann als das eines Mannes und ein Greis als das eines Greises vorstellen würde. Wer könnte dieses einzige, wahrste und genaueste Urbild aller Gesichter erfassen, das ebenso das aller wie das jedes einzelnen ist und das das Urbild in so vollkommener Weise jedes einzelnen ist, als ob es das keines anderen sein könnte. Er müßte über die Gestalten aller gestaltbaren Gesichter und Figuren hinausgehen. Und wie sollte er das Antlitz erfassen, wenn er alle Angesichter und die Ähnlichkeit aller Gesichter, aller Gestalten und aller Begriffsvorstellungen, welche man von einem Gesicht bilden kann, alle Farbe, Schmuck und Schönheit aller Gesichter hinter sich ließe?

Wer ausgeht, Dein Antlitz zu schauen, ist solange noch weit von ihm entfernt, solange er irgendeinen Begriff hat. Denn jede Begriffsvorstellung eines Gesichtes ist geringer als Dein Gesicht und alle Schönheit, die vorgestellt werden kann, geringer als die Schönheit Deines Angesichtes. Alle Gesichter haben Schönheit und sind nicht selbst Schönheit. Dein Angesicht jedoch, o Herr, hat die Schönheit und dieses Haben ist Sein. Es ist die absolute Schönheit, die Form, die jeder schönen Form das Sein verleiht. O herrliches Antlitz, dessen Schönheit alle Dinge, denen es vergönnt ist, Dich zu schauen, nicht genug bewundern können. In allen Gesichtern ist das Angesicht der Angesichter sichtbar, verschleiert und im Rätsel. Unverhüllt aber wird es nicht gesehen, solange wir nicht über alle Gesichter hinaus in ein geheimnisvolles und verborgenes Schweigen eintreten, in dem nichts mehr ist vom Wissen und von der Begriffsvorstellung eines Antlitzes. Solange der Suchende nicht in dieses Dunkel, diesen Nebel und diese Finsternis oder Unwissenheit eingeht, indem er alles Wissen und jede Begriffsvorstellung überschreitet, vermag er Dein Antlitz nicht anders denn nur verhüllt zu finden. Das Dunkel selbst jedoch enthüllt, daß es hier ein Angesicht gibt, das über allen Verhüllungen steht.

Wenn unser Auge das Licht der Sonne, welches ihr Antlitz ist, zu sehen sucht, so erblickt es dies zuerst verhüllt in den Sternen, den Farben und allen Lichtern, die an ihm teilhaben. Strebt es aber danach, es selbst unverhüllt zu schauen, dann überschreitet es alles sichtbare Licht, weil alles derartige Licht geringer ist als jenes, das es sucht. Weil es aber das Licht sehen will, das es nicht sehen kann, weiß es, daß, solange es irgendetwas sieht, dies nicht das ist, was es sucht und daß es eben deshalb alles sichtbare Licht überschreiten muß. Wer aber jedes Licht überschreiten muß, tritt notwendigerweise in etwas ein, das kein sichtbares Licht mehr in sich birgt. Und das bedeutet daher, um es so zu sagen, Finsternis dem Auge. Und wenn es sich in jener Finsternis befindet, welche Dunkel ist und weiß, daß es in der Dunkelheit ist, dann weiß es auch, daß es sich dem Angesicht der Sonne nähert. Jene Dunkelheit im Auge entsteht nämlich aus dem alles überstrahlenden Licht der Sonne. Je tiefer es also die Dunkelheit erkennt, in umso größerer Wahrheit erreicht es in der Dunkelheit das unsichtbare Licht. So und nicht anders Herr, kann man zu dem unerreichbaren Licht, der Schönheit und dem Glanz Deines Antlitzes in Enthüllung gelangen.

VII

Der Ertrag der Antlitz-Schau und wie man ihn erlangt

So groß ist jene Süßigkeit, mit der Du nun, o Herr, meine Seele nährst, daß sie sich in jeglicher Weise mit dem hilft, was sie in dieser Welt erfährt und Dir näher zu kommen trachtet durch willkommene Gleichnisse, welche Du ihr eingibst. Denn da Du jene Kraft bist, Herr, oder der Ursprung, aus dem alles kommt, und Dein Angesicht jene Kraft und jener Ursprung ist, auf Grund dessen alle Angesichter sind, was sie sind, wende ich mich jetzt z. B. jenem großen und hohen Nußbaum zu, dessen Ursprung ich erblicken möchte. Mit meinem sinnlichen Auge sehe ich, daß er groß ist, weit ausgebreitet, farbig, mit Zweigen, Blättern und Nüssen beladen. Mit den Augen des Geistes sehe ich alsdann, daß jener Baum im Samen nicht in der Weise enthalten ist, wie ich ihn hier erblicke, sondern der Kraft nach. Aufmerksam bedenke ich die bewundernswürdige Kraft dieses Samens, in welchem dieser ganze Baum, alle seine Nüsse, die gesamte Samenkraft dieser Nüsse und alle Bäume, die in der Samenkraft dieser Nüsse enthalten sind, beschlossen waren. Ich sehe auch, daß diese Kraft zu keiner Jahreszeit und durch keine Himmelsbewegung gänzlich ausgeschöpft werden kann; wie unentfaltbar sie aber auch sein mag, sie ist dennoch verschränkt, da sie nur in dieser Eigengestalt der Nüsse Kraft hat. Mag ich darum auch im Samen den Baum sehen, so sehe ich ihn doch nur in verschränkter Wirkkraft.

Daraufhin betrachte ich, o Herr, die Samenkraft der verschiedenen Eigengestalten aller Bäume, verschränkt zu der Eigengestalt jedes einzelnen, und sehe in diesen Samen die Bäume der Kraft nach. Will ich nun die Wirkkraft aller dieser Samenkräfte losgelöst betrachten und sehen, welches die Macht ist, die als Ursprung allen Samen Kraft verleiht, dann muß ich alle Samensmöglichkeiten, die man wissen und erfassen kann, überschreiten und in jene Unwissenheit eintreten, in der von der Kraft und Stärke des Samens gar nichts mehr bleibt; dann finde ich in der Dunkelheit die eine Kraft, welche mich in höchstes Staunen versetzt, und die durch keine Möglichkeit, die gedacht werden kann, erreichbar ist. Sie ist der Ursprung, der jeder Samenkraft und jeder anderen Kraft das Sein verleiht. Da diese absolute und überaus erhabene Kraft jeder Samensmöglichkeit die Wirkkraft verleiht, in welcher dem Vermögen nach der Baum mit allem, das zu einem sinnlichen Baum erforderlich ist und das dem Sein des Baumes folgt, eingefaltet ist, enthält jener Ursprung und Grund eingefaltet und losgelöst – eben weil er der Grund ist – alles, was er dem von ihm Bewirkten verleiht.

Und so sehe ich, daß jene Kraft das Aussehen oder das Urbild jedes Baum-Aussehens und jedes beliebigen Baumes ist. In ihr sehe ich jenen Nußbaum nicht in seiner verschränkten Samenkraft, sondern im Grund und in der Begründungskraft jener Samenkraft. Und daher sehe ich jenen Baum als eine Art Entfaltung der Samenkraft und den Samen als eine Art Entfaltung der allmächtigen Kraft. Und so wie der Baum im Samen nicht der Baum ist, sondern die Samenkraft und jene Samenkraft es ist, aus der der Baum entfaltet wird, und zwar dergestalt, daß nichts sich im Baum findet, das nicht aus der Kraft des Samens hervorginge, sehe ich, daß die Samenkraft in ihrem Grund, welcher die Kraft der Kräfte ist, nicht Samenkraft ist, sondern absolute, losgelöste Kraft. So ist der Baum in Dir, mein Gott, Du selbst. In Dir ist er Wahrheit und das Urbild seiner selbst. Gleichermaßen ist auch der Samen des Baumes in Dir Wahrheit und Urbild seiner selbst, des Baumes und des Samens.

Du, o Gott, bist die Wahrheit und das Urbild. Und jene Kraft des Samens, welche verschränkt ist, ist die Kraft der Natur der Eigengestalt, welche zur Eigengestalt verschränkt ist und ihr gleichsam als verschränkter Ursprung innewohnt. Aber Du mein Gott, bist die absolute Kraft und darum die Natur aller Naturen. Mein Gott, Du hast mich dahin geführt zu sehen, daß Dein absolutes Aussehen das natürliche Aussehen jeder Natur ist; daß es das Angesicht ist, das die absolute Seiendheit jedes Seins ist; daß es die Kunst und Wissenschaft alles Wißbaren ist. Wem es also vergönnt ist, Dein Angesicht zu schauen, sieht alles offen und nichts bleibt ihm verborgen. Er weiß alles. Alles hat jener, o Herr, der Dich hat, und alles hat der, der Dich sieht. Denn niemand sieht Dich als nur derjenige, der Dich besitzt; niemand vermag sich Dir zu nahen, da Du unnahbar bist. Niemand also wird Dich erfassen, außer Du schenkst Dich ihm.

Wie aber habe ich Dich, o Herr, der ich nicht wert bin, vor Deinem Angesicht zu erscheinen? Wie gelangt mein Gebet zu Dir, der Du auf keine Weise erreichbar bist? Wie soll ich Dich bitten? Denn was ist sinnloser, als zu bitten, Du mögest Dich mir schenken, da Du doch alles in allem bist. Und wie wirst Du Dich mir geben, wenn Du mir nicht zugleich Himmel und Erde gibst und alles, was in ihnen ist? Ja, noch mehr: wie wirst Du Dich mir geben, wenn Du mich nicht mir selbst gibst? Und wenn ich so im Schweigen der Betrachtung verstumme, antwortest Du mir, Herr, tief in meinem Herzen und sagst: Sei du dein und ich werde dein sein.

O Herr, Du Wonne aller Süßigkeit, Du hast es in meine Freiheit gelegt, daß ich mein sein kann, wenn ich es nur will. Gehöre ich darum nicht mir selbst, so gehörst auch Du nicht mir. Du machst die Freiheit notwendig, da Du nicht mein sein kannst, wenn ich nicht mein bin. Und weil Du das in meine freie Entscheidung gelegt hast, zwingst Du mich nicht, sondern erwartest, daß ich mein eigenes Sein erwähle. Es steht also bei mir und nicht bei dir, Herr, der Du Deine übergroße Güte nicht einschränkst, sondern reichlich ausgießt in alle, die sie aufnehmen können. Du aber, o Herr, bist Deine Güte.

Wie aber soll ich mir selbst gehören, wenn nicht Du, Herr, es mich lehrst? Du lehrst mich, daß der Sinn dem Verstand gehorchen und der Verstand herrschen soll. Wenn also die Sinnlichkeit dem Verstand dient, dann gehöre ich mir selbst. Der Verstand aber hat nichts, das ihn leitet, es sei denn Dich, o Herr, der Du das Wort und der Verstand des Verstandes bist.

Daraus ersehe ich nun, daß ich, wenn ich Dein Wort, das unaufhörlich in mir spricht und ständig in meinem Verstand leuchtet, höre, mir selbst als Freier und nicht als Sklave der Sünde gehöre. Und Du wirst mein sein und mich Dein Angesicht schauen lassen. Dann werde ich gerettet sein.

Sei darum gepriesen, o Gott, in Deinen Gaben, der Du allein mächtig bist, meine Seele zu trösten und aufzurichten, so daß sie hofft, Dich zu erreichen und sich Deiner als des ihr bestimmten Geschenkes und des unendlichen Schatzes alles dessen, das wir nur ersehnen können, lebendig zu erfreuen.

VIII

Die Schau Gottes bedeutet Lieben, Begründen, Lesen und Alles-in-sich-Halten

Mein Herz, o Herr, findet keine Ruhe, weil Deine Liebe es mit solcher Sehnsucht entflammt, daß es nirgends als in Dir allein zu ruhen vermag. Beginne ich das Gebet des Herrn, so gibst Du mir ein, darauf zu achten, daß und wie Du unser Vater bist. Dein Lieben ist Sehen. Dein Vater-Sein ist Dein Blick, der uns alle väterlich umfaßt. Wir sagen ja: Vater unser. Du bist der Vater aller und jedes einzelnen. Dies sagt jeder, der Dich unseren Vater nennt. Die väterliche Liebe umfaßt alle und jeden einzelnen Sohn. Ein Vater liebt ja alle Kinder so wie jedes einzelne, weil er ebenso der Vater aller ist wie jedes einzelnen. Er liebt jedes einzelne seiner Kinder so, daß jedes meint, es werde allen vorgezogen.

Wenn Du also Vater bist, und zwar unser Vater, dann sind wir Deine Kinder. Die väterliche Liebe geht aber der kindlichen voran. Solange wir, Deine Kinder, Dich als Kinder betrachten, hörst Du nicht auf, uns väterlich anzusehen. Du bist es, der väterlich auf uns sieht und väterliche Sorge für uns trägt. Dein Blick ist Für-Sorge. Wenn jedoch wir, Deine Kinder, uns von Dir, unserem Vater, lossagen, hören wir auf, Deine Kinder zu sein. In unserer eigenen Gewalt sind wir dann nicht frei, sondern wandern, wenn wir uns von Dir trennen, in ein fernes Land und geraten in schwere Knechtschaft unter einen Herrscher, der Dir, o Gott, widersteht.

Du Vater, läßt uns, da Du uns die Freiheit zugestanden hast, weil Du selbst die Freiheit bist und wir Deine Kinder sind, wohl fortgehen und unsere Freiheit und unseren besten Besitz den verderbten Wünschen unserer Sinne gemäß verschwenden; dennoch verläßt Du uns nicht gänzlich, sondern bist uns vielmehr in ständiger Unruhe nahe. Du sprichst in uns und rufst uns zu, zu Dir zurückzukehren, immer bereit, uns wie früher mit väterlichem Blick zu betrachten, wenn wir umkehren und uns wieder Dir zuwenden.

O gütiger Gott, blicke auf mich, der ich zerknirscht aus elender Knechtschaft und von der Nahrung der Schweine, wo ich vor Hunger beinahe zugrunde ging, zurückkehre, um in Deinem Hause Nahrung zu finden, wie immer sie auch sein mag.

Nähre mich mit Deinem Blick, o Herr, und lehre mich, wie Dein Blick jeden sehenden Blick und alles Sichtbare und jedes Wirken des Sehens und jede sehende Kraft und alles aus ihnen entstehende Sehen sieht, denn Dein Sehen ist Begründen. Alles siehst Du, der Du alles begründest. Lehre mich, Herr, wie Du mit einem einzigen Blick zugleich alles und jedes einzelne wahrnimmst. Wenn ich ein Buch öffne, um es zu lesen, sehe ich die Seite als Ganzes nur verworren. Will ich die einzelnen Buchstaben, Silben und Worte unterscheiden, so ist es notwendig, daß ich mich der

Reihe nach jedem einzelnen zuwende und ich kann nicht anders als nach und nach die Buchstaben lesen und die Worte Schritt für Schritt aufnehmen. Du aber, Herr, überblickst zugleich die ganze Seite und liest sie ohne jede Verzögerung.

Wenn zwei von uns dasselbe lesen, einer schneller und der andere langsamer, dann liest Du mit beiden und scheinst in der Zeit zu lesen, weil Du mit den Lesenden liest. Dennoch siehst Du alles über der Zeit und liest zugleich. Dein Sehen ist nämlich Dein Lesen. Alle geschriebenen Bücher und alle die geschrieben werden können, hast Du zugleich und mit einem Mal und jenseits zeitlicher Verzögerung von Ewigkeit her gesehen und gelesen und liest sie zugleich mit allen Lesenden der Reihe nach.

Du liest auch nicht etwas anderes in der Ewigkeit und etwas anderes in der Zeit mit den Lesenden, sondern dasselbe, da Du Dich in derselben Weise verhältst. Du bist nicht veränderlich, da Du die feststehende Ewigkeit bist. Weil die Ewigkeit aber die Zeit nicht verläßt, scheint sie sich mit der Zeit zu bewegen, wenngleich auch die Bewegung in der Ewigkeit Ruhe ist.

Du siehst, o Herr, und hast Augen. Du bist also diese Augen, denn Dein Haben ist Sein. Darum betrachtest Du alles in Dir selbst. Wäre in mir das Sehen das Auge, wie es bei Dir ist, mein Gott, dann würde ich in mir alles sehen. Denn das Auge ist spiegelhaft und ein Spiegel. Wie klein er auch sein mag, er nimmt als Abbild einen hohen Berg in sich auf und alles, was sich auf der Oberfläche dieses Berges befindet. So sind alle Eigengestalten im spiegelhaften Auge vorhanden. Weil indes unser Sehen mittels des spiegelhaften Auges in Besonderheit nur das sieht, dem es sich zuwendet, und weil seine Kraft nur in Besonderheit durch einen Gegenstand eingegrenzt und bestimmt werden kann, sieht es nicht alles, das im Spiegel des Auges aufgefangen wird.

Dein Sehen aber, das Dein Auge oder ein lebendiger Spiegel ist, sieht in sich alles. Es ist ja der Grund alles Sichtbaren. Darum umfaßt und sieht es alles im Grund und in der Ursache aller Dinge, d. h. in sich selbst. Dein Auge, Herr, gelangt zu allem ohne sich ihm zuwenden zu müssen. Daß unser Auge sich einem Gegenstand zuwendet, kommt daher, daß unser Sehen nur in einem Winkel von bestimmter Größe sieht. Der Winkel Deines Auges hingegen, o Herr, ist nicht von bestimmter Größe, sondern unendlich, das heißt ein Kreis, ja eine unendliche Kugel, weil Dein Blick das Auge der Kugelhaftigkeit und der unendlichen Vollkommenheit ist. Es erblickt also zugleich alles sowohl im Umkreis wie aufwärts und abwärts.

Wie wunderbar ist Dein Blick, der Du Theos bist, für alle, die ihn erforschen. Wie schön und liebenswert bist Du für alle, die Dich lieben; wie schrecklich für alle, die Dich verlassen haben, mein Gott. Mit Deinem Blick belebst Du o Herr, jeden Geist, erfreust jeden Glücklichen und verscheuchst alle Traurigkeit. Blicke barmherzig auf mich hernieder, und meine Seele wird gerettet sein.

IX

Das Sehen Gottes als allgemeines und teilartiges zugleich und der Weg, der zur Schau Gottes führt

Da Du, o Herr, zugleich alle und jeden einzelnen anblickst – genauso, wie dieses gemalte Bild, das ich vor Augen habe – sehe ich voll Bewunderung, wie in der Kraft Deines Sehens das Allgemeine mit dem Einzelnen zusammenfällt. Aber ich merke, daß meine Einbildung nicht zu fassen vermag, wie das geschieht, weil ich Dein Sehen mit meiner Sehkraft suchen muß; und da jene nicht so wie meine in ein sinnliches Organ verschränkt ist, ist mein Urteil getäuscht.

Dein Sehen, Herr, ist Deine Seinsheit. Blicke ich auf die Menschheit, die in allen Menschen eine einfache und eine ist, so finde ich sie in allen und in den einzelnen Menschen. Und wie wohl sie in sich weder östlich, noch westlich, noch südlich, noch nördlich ist, ist sie doch in den östlichen Menschen im Osten und in den westlichen Menschen im Westen. Und wie wohl in der Seinsheit der Menschheit weder Bewegung, noch Ruhe ist, bewegt sie sich doch mit den sich bewegenden Menschen und ruht mit den ruhenden, steht mit den Stehenden zugleich und auf einmal im selben Augenblick; denn die Menschheit verläßt die Menschen nicht, ob sie sich bewegen oder nicht bewegen, ob sie nun schlafen oder ruhen.

Wenn sich also schon die Natur des Menschseins, welche verschränkt ist und sich nicht außerhalb der Menschen findet, so verhält, daß sie mit dem einen Menschen nicht mehr verbunden ist als mit einem anderen, und dem einen in so vollkommener Weise, als ob sie keinem anderen verbunden wäre, so muß es sich in viel erhabenerer Weise mit jenem unverschränkten Menschsein, dem Urbild und der Idee jener verschränkten Natur, welche Gestalt und Wahrheit jener verschränkten Gestalt des Menschseins ist, verhalten. Denn niemals kann es das in einem Einzelwesen verschränkte Menschsein verlassen. Es ist die Gestalt, die der gestalthaften Natur das Sein gibt. Ohne sie kann es keine eigengestaltliche Form geben, da diese ihr Sein nicht durch sich hat. Sie stammt von jener, die durch sich selbst ist und vor der es keine andere gibt. Die Form, die der Eigengestalt das Sein gibt, ist die absolute Form. Und Du, Herr, der Du der Bildner des Himmels und der Erde und aller Dinge bist, bist jene Form.

Betrachte ich das verschränkte Menschsein und durch es hindurch das absolute, so sehe ich im verschränkten das absolute in ähnlicher Weise wie ich in der Wirkung die Ursache und im Abbild die Wahrheit und das Urbild sehe. Dann trittst Du mir, Herr, entgegen, gleichsam als Urbild aller Menschen und als der Mensch-durch-sich, d. h. als der absolute Mensch. Wende ich mich gleichermaßen bei allen Eigengestalten zur Form der Formen, dann begegnest Du mir als ihre Idee und ihr Urbild. Und weil Du das absolute und ganz einfache Urbild bist, bist Du nicht zusammengesetzt aus vielen Urbildern, sondern bist dies dergestalt, daß Du das wahrste und angemessenste Urbild für alle Dinge bist, die gebildet werden können.

Du bist also die Wesenheit der Wesenheiten, welche den verschränkten Wesenheiten verleiht, daß sie sind, was sie sind. Außerhalb Deiner, Herr, vermag darum nichts zu sein. Wenn also Deine Wesenheit alles durchdringt, dann durchdringt es auch Dein Blick, der Deine Wesenheit ist. So wie nichts von allem, das ist, seinem ihm eigenen Sein entfliehen kann, so kann es auch nicht Deiner Wesenheit entfliehen, welche allen Wesenheiten das Sein ihrer Wesenheit verleiht; und ebensowenig Deinem Blick. Du siehst, o Herr, alles und das einzelne zugleich, Du bewegst Dich mit allem, das sich bewegt und stehst mit allem, das steht; und da es Dinge gibt, welche sich bewegen, während andere stille stehen, stehst Du, Herr, zugleich und bewegst Dich, schreitest fort und ruhst zugleich. Da sich Bewegen und Ruhen in Verschiedenem zur selben Zeit verschränkt findet, und nichts außerhalb Deiner zu sein vermag, so gibt es weder Bewegung noch Ruhe außerhalb Deiner. Allen diesen Dingen bist Du zu ein und derselben Zeit gänzlich gegenwärtig. Und dennoch bewegst Du Dich nicht und ruhst nicht, weil Du hocherhaben und losgelöst von allem bist, was begriffen oder benannt werden kann.

Du stehst also und schreitest fort und stehst doch nicht und schreitest nicht zur selben Zeit. Dieses gemalte Antlitz zeigt mir es. Denn wenn ich mich bewege, scheint sich sein Blick zu bewegen, weil er mich nicht verläßt. Wenn aber ein anderer still steht, während ich mich bewege, so verläßt ihn gleicherweise der Blick nicht, sondern steht still mit dem Stehenden. Dennoch kommt es dem von solcher Art des Betrachtens frei gemachten und entrückten Antlitz in seinem eigentlichen Wesen nicht zu, daß es steht oder sich bewegt, da es ja über allem Stehen und Bewegen erhaben in der ganz einfachen und losgelösten Unendlichkeit ist. Erst nach dieser Unendlichkeit gibt es Bewegung, Ruhe und Gegensätzlichkeit und was sonst immer sich sagen oder erfassen läßt.

Daraus erfahre ich, daß ich in die Dunkelheit eintreten muß; den Zusammenfall der Gegensätze über alle Fassungsvermögen des Verstandes hinaus zugestehen und die Wahrheit dort suchen muß, wo mir die Unmöglichkeit entgegentritt; über diese Unmöglichkeit, die über jedem, auch dem höchsten Vernunftaufstieg hinaus liegt, wenn ich zu dem gelangt bin, das für alle Vernunft unerkannt ist, und von dem jede Vernunft meint, es sei von der Wahrheit am weitesten entfernt, finde ich Dich. Dort bist Du, mein Gott, der Du die absolute Notwendigkeit bist.

Und je mehr diese finstere Unmöglichkeit als verborgen und unmöglich erkannt wird, desto wahrer strahlt die Notwendigkeit wider und desto weniger verhüllt ist sie zugegen und nähert sich. Darum danke ich Dir, mein Gott, der Du mir offenbarst, daß es keinen anderen Weg gibt, um zu Dir zu gelangen, als jenen, welcher allen Menschen, sogar den gelehrtesten Philosophen völlig unersteigbar und unmöglich erscheint. Du hast mir ja gezeigt, daß Du nirgends anders zu sehen bist als dort, wo uns die

Unmöglichkeit entgegentritt und uns den Weg verstellt.

Du, Herr, Speise der Starken, hast mir den Mut gegeben, mir selbst Gewalt zu tun, weil die Unmöglichkeit mit der Notwendigkeit zusammenfällt. Ich habe den Ort gefunden, in dem man Dich unverhüllt zu finden vermag. Er ist umgeben von dem Zusammenfall der Gegensätze. Dieser ist die Mauer des Paradieses, in dem Du wohnst. Sein Tor bewacht höchster Verstandesgeist. Überwindet man ihn nicht, so öffnet sich nicht der Eingang. Jenseits des Zusammenfalls der Gegensätze vermag man Dich zu sehen; diesseits aber nicht. Wenn also in Deinem Blick, o Herr, die Unmöglichkeit die Notwendigkeit ist, dann gibt es nichts, das Dein Blick nicht sähe.

X

Gott wird jenseits des Zusammenfalls der Gegensätze gesehen und sein Sehen ist Sein

Ich stehe vor dem Abbild Deines Angesichts, mein Gott, das ich mit meinen leiblichen Augen betrachte, und mühe mich, mit den inneren Augen die Wahrheit zu schauen, welche in dem Gemälde zeichenartig angedeutet ist. Und es kommt mir der Gedanke, daß Dein Blick spricht. Dein Sprechen ist ja nichts anderes als Dein Sehen, da sich beide in Dir, der absoluten Einfachheit, der Sache nach nicht unterscheiden. Daß Du zugleich alles und das einzelne siehst, erfahre ich deutlich, wenn ich zugleich und auf einmal der versammelten Gemeinde und den einzelnen Gemeindemitgliedern predige: ich spreche ein einziges Wort und in diesem einen Wort spreche ich zu allen einzelnen. Das, was für mich die Gemeinde ist, ist für Dich Herr, diese ganze Welt und die einzelnen Geschöpfe, die sind oder sein können. Denn genauso sprichst Du zu den einzelnen und siehst sie, zu denen Du sprichst.

Herr, Du höchster Trost derer, die auf Dich hoffen, Du gibst mir ein, Dich von mir her gesehen zu loben. Du hast mir ein Antlitz gegeben, so wie Du es wolltest, und dieses Antlitz wird von allen, denen ich predige, einzeln und zugleich gesehen. Mein eines Gesicht wird also von den einzelnen gesehen und meine einfache Rede wird unverkürzt von den einzelnen gehört. Ich vermag jedoch nicht alle Sprechenden zugleich getrennt zu hören, sondern nur einen nach dem anderen, und nicht alle zugleich zu sehen, sondern nur einen nach dem anderen. Wäre aber in mir solche Macht, daß Gehört-werden mit Hören zusammenfiele, Gesehen-werden mit Sehen und Sprechen und Hören wie in Dir, o Herr, der Du die höchste Mächtigkeit bist, dann würde ich zugleich alle und die einzelnen hören und sehen. Und ebenso, wie ich dann zu den einzelnen zugleich spräche, würde ich auch in dem selben Augenblicke, in dem ich spräche, die Antworten aller und jedes einzelnen zugleich sehen und hören.

So beginne ich an der Schwelle des Zusammenfalls der Gegensätze, welche der Engel hütet, d. h. am Eingang des Paradieses, Dich zu schauen, o Herr. Denn Du bist da, wo Sprechen, Sehen, Hören, Schmecken, Berühren, Überlegen, Wissen und Verstehen das selbe sind; wo Sehen mit Gesehen-werden zusammenfällt, Hören mit Gehört-werden, Schmecken mit Geschmeckt-werden, Berühren mit Berührt-werden, Sprechen mit Hören und Schaffen mit Sprechen.

Sähe ich so, wie ich sichtbar bin, so wäre ich nicht Geschöpf. Und wenn Du, o Gott, nicht sähest wie Du sichtbar bist, wärest Du nicht Gott, der Allmächtige. Allen Geschöpfen bist du sichtbar und alle siehst Du. Denn eben dadurch, daß Du alle siehst, wirst Du auch von allen gesehen. Anders nämlich können die Geschöpfe nicht sein, da sie durch Deinen Blick sind.

Wenn sie nicht Dich, den Sehenden sähen, empfingen sie nicht das Sein von Dir. Das Sein des Geschöpfes ist zugleich Dein Sehen und Gesehen-werden.

Du sprichst in Deinem Wort zu allen, die sind, und rufst ins Sein, die nicht sind. Du rufst sie, auf daß sie Dich hören, und wenn sie Dich hören, sind sie. Wenn Du sprichst, sprichst Du zu allen, und alle, zu denen Du sprichst, vernehmen Dich. Du sprichst zur Erde und berufst sie zur menschlichen Natur. Und die Erde hört Dich und dieses ihr Hören ist das Mensch-Werden. Du sprichst zum Nichts, als ob es Etwas wäre, und berufst das Nichts zum Etwas, und das Nichts hört Dich, weil das Etwas wird, was Nichts war.

O unendliche Kraft! Dein Entwerfen ist Reden. Du ersinnst den Himmel, und er ist, wie Du ihn ersonnen hast. Du erdenkst die Erde, und sie ist, wie Du sie erdacht hast. Wenn Du denkst, siehst Du und sprichst und wirkst und was immer man sagen kann. Erstaunlich jedoch bist Du mein Gott! Einmal sprichst Du, einmal erdenkst Du. Wie geschieht es da, daß nicht alles auf einmal ist, sondern vieles aufeinander folgt? Wie entsteht soviel Verschiedenes aus einem einzigen Entwurf?

Du machst mir, der ich auf der Schwelle des Eingangstores Bestand erhalten habe, klar, daß Dein Begreifen die einfache Ewigkeit ist. Nichts aber kann nach der ganz einfachen Ewigkeit werden. Die unendliche Dauer, welche die Ewigkeit ist, umfaßt jede Aufeinanderfolge. Alles, was uns in der Aufeinanderfolge erscheint, entspricht in keiner Weise Deinem Denken, das die Ewigkeit ist. Dein einziger Begriff, welcher

Dein Wort ist, faltet alles und jedes einzelne ein. Dein ewiges Wort kann nicht vielfältig sein, noch verschieden, veränderlich oder wandelbar, denn es ist die einfache Ewigkeit.

So sehe ich, Herr, daß nichts nach Deinem Denken mehr kommt; alle Dinge sind vielmehr, weil Du sie denkst. Du entwirfst jedoch in der Ewigkeit. In der Ewigkeit aber ist die Aufeinanderfolge ohne jede Aufeinanderfolge die Ewigkeit selbst, Dein Wort, Herr und Gott. Ein Ding, das uns in zeitlicher Weise erscheint, hast Du nicht früher gedacht als es ist. In der Ewigkeit, in der Du denkst, fällt ja jede zeitliche Aufeinanderfolge mit dem Jetzt der Ewigkeit zusammen. Und dort, wo Zukünftiges und Vergangenes mit dem Gegenwärtigen zusammenfallen, gibt es nichts Vergangenes oder Zukünftiges. Daß jedoch die Dinge in dieser Welt dem «früher und später» gemäß existieren, kommt daher, daß Du es nicht zuvor entworfen hast, daß die Dinge als solche sind. Wenn Du sie früher gedacht hättest, wären sie früher gewesen. Jemand hingegen, in dessen Denken es ein Früher und Später nicht gibt, sodaß er zuerst eines denkt und später ein anderes, ist nicht allmächtig. Du bist Gott, der Allmächtige, und darum bist Du innerhalb der Mauer im Paradies. Die Mauer aber ist jene Koinzidenz, wo das Frühere mit dem Späteren und das Ende mit dem Anfang zusammenfällt, wo Alpha und Omega dasselbe sind.

Die Dinge sind also immer, weil Du sagst, daß sie sein sollen. Und sie sind nicht früher, weil Du es nicht früher sagst. Und wenn ich lese, daß Adam vor so vielen Jahren gewesen sei, und daß heute ein ebensolcher Mensch geboren worden ist, so scheint es unmöglich, daß Adam damals war, weil Du damals gewollt hast und daß er gleichermaßen heute geboren ist, weil Du es jetzt gewollt hast und daß Du dennoch gewollt hast, daß Adam nicht früher geboren werde als der heute Geborene. Aber das, was unmöglich scheint, ist die Notwendigkeit selbst. Denn Jetzt und Damals kommen nach Deinem Worte. Dem, der sich Dir nähert, begegnen sie an der Mauer, welche die Stätte umgibt, wo Du innerhalb der Koinzidenz wohnst. Jetzt und Damals fallen ja im Kreis der Paradiesesmauer zusammen. Du aber, mein Gott, bist und sprichst jenseits von Jetzt und Damals. Du bist die absolute Ewigkeit.

XI

In welcher Weise Aufeinanderfolge in Gott ohne Aufeinanderfolge ist

Ich erfahre Deine Güte, mein Gott, die mich armen Sünder nicht nur nicht verachtet, sondern in meinem Sehnen aufs köstlichste ernährt. Du gibst mir ein willkommenes Gleichnis für die Einheit des geistigen Wortes oder Deines Begriffes ein und dafür, wie derselbe unterschiedlich ist im nacheinander Erscheinenden. Denn der einfache Begriff der vollkommensten Uhr führt mich dazu, daß ich weiser zur Schau Deines Begriffes und Wortes fortgerissen werde.

Der einfache Begriff der Uhr umfaßt alle zeitliche Aufeinanderfolge in sich. Wenn sich nun die Uhr genau mit ihrer Begriffsvorstellung deckt, so hören wir zwar den Stundenschlag der sechsten Stunde früher als den der siebenten, aber den der siebenten nur dann, wenn es der Begriff der Uhr gebietet. Und in diesem Begriff ist die sechste nicht früher als die siebente oder die achte. In dem einzigen Begriff der Uhr ist vielmehr keine Stunde früher oder später als eine andere, obwohl die Uhr niemals die Stunde schlägt, wenn es nicht ihr Begriff gebietet. Und wenn wir hören, daß es die sechste Stunde schlägt, dann ist es auch wahr zu sagen, daß es darum sechs schlägt, weil es der Gedanke des Meisters so will.

Und weil die Uhr im Denken Gottes dieses Denken ist, erhalten wir eine Ahnung davon, daß und wie die Aufeinanderfolge in der Uhr ohne Aufeinanderfolge im Wort oder Begriff ist und daß in jenem allereinfachsten Begriff alle Bewegungen und Töne, und was immer sonst wir in Aufeinanderfolge erfahren, eingefaltet sind; daß alles, was in Aufeinanderfolge geschieht, nicht irgendwie aus jenem Denken heraustritt, sondern die Entfaltung jenes Gedankens in einer Weise ist, daß dieser einem jeden das Sein gibt. Und wir sehen, daß deshalb nichts gewesen ist, bevor es noch zum Vorschein kam, weil früher nicht gedacht worden war, daß es sei.

Der Begriff der Uhr möge für die Ewigkeit selbst stehen, die Bewegung in der Uhr ist dann die Aufeinanderfolge. Die Ewigkeit faltet die Aufeinanderfolge also ein und aus. Denn der Begriff der Uhr, welcher die Ewigkeit ist, faltet gleichermaßen alles ein und aus.

Gepriesen seiest Du, Herr, mein Gott, der Du mich solange mit der Milch des Gleichnisses nährst und weidest, bis Du mir stärkere Speise reichst. Führe mich, Herr und Gott, durch diese Pfade zu Dir. Führst Du mich nicht, so vermag ich wegen der Schwachheit meiner vergänglichen Natur und des zerbrechlichen Gefäßes, das ich trage, nicht auf dem Wege zu bleiben. Vertrauend auf Deine Hilfe, o Herr, komme ich wiederum, um Dich jenseits der Mauer des Zusammenfalls von Einfaltung und Ausfaltung zu finden. Da ich durch diese Pforte Deines Wortes und Gedankens sowohl ein- wie ausgehe, finde ich die süßesten Weiden.

Finde ich Dich als die Kraft, die alles einfaltet, so trete ich ein, finde ich Dich als die Kraft, die ausfaltet, so gehe ich heraus. Finde ich Dich als die Kraft, welche zugleich einfaltet und ausfaltet, so gehe ich zugleich hinein und heraus.

Ich trete ein von den Geschöpfen zu Dir, dem Schöpfer, vom Bewirkten zum Wirkgrund, ich gehe hinaus vom Schöpfer zum Geschöpf, vom Wirkgrund zum Bewirkten. Zugleich gehe ich aus und ein, wenn ich sehe, wie Herauskommen Hineingehen und Hineingehen Herauskommen ist. Jemand, der zählt, faltet zugleich ein und aus; er faltet die Mächtigkeit der Einheit aus und faltet die Zahl in die Einheit ein. Daß die Schöpfung von Dir ausgeht, bedeutet, daß sie eintritt; sie auszufalten bedeutet sie einzufalten. Wenn ich Dich, o Gott, im Paradies sehe, das diese Mauer des Zusammenfalles der Gegensätze umgibt, sehe ich Dich weder trennend, noch verbindend ausfalten oder einfalten. Trennung und Verbindung zugleich ist die Mauer des Zusammenfalles, und jenseits von ihr bist Du, losgelöst von allem, das gesagt oder gedacht werden kann.

XII

Wo der unsichtbare, ungeschaffene Schöpfer gesehen wird

Manchmal, o Herr, erscheinst Du mir als für jedes Geschöpf unsichtbar, da Du der verborgene unendliche Gott bist. Die Unendlichkeit ist ja für jede Weise des Begreifens unbegreiflich. Dann wiederum erscheinst Du mir als für alle sichtbar, weil ein Ding nur insoweit ist, als Du es siehst und es nicht wirklich wäre, wenn es Dich nicht sähe. Deine Schau nämlich verleiht das Sein, weil sie Deine Seinsheit ist. So bist Du, mein Gott, zugleich sichtbar und unsichtbar. Unsichtbar bist Du, wie Du bist, sichtbar, wie Du für das Geschöpf bist, das nur insoweit ist, als es Dich sieht.

Du, mein Gott, der Du unsichtbar bist, wirst von allen und in jeder Schau geschaut. Von jedem Sehenden wirst Du in allem Sichtbaren und in jedem Akt der Schau gesehen; Du, der Du unsichtbar und von allem derartigen losgelöst und unendlich hocherhaben bist. Ich muß also, o Herr, jene Mauer der unsichtbaren Schau überspringen, um dorthin zu gelangen, wo Du gefunden wirst. Diese Mauer jedoch ist alles und nichts zugleich. Du nämlich, der Du mir entgegentrittst, als wärest Du alles und nichts zugleich, wohnst innerhalb jener hohen Mauer, die kein Menschengeist aus eigener Kraft ersteigen kann. Manchmal trittst Du mir so entgegen, daß ich glaube, Du siehst alles in Dir, einem lebendigen Spiegel gleich, in dem alles widerstrahlt. Weil indes Dein Sehen Wissen ist, wird mir deutlich, daß Du doch nicht alles in Dir siehst, so als wärest Du ein lebendiger Spiegel, weil dann Dein Wissen von den Dingen ausginge. Dann wieder trittst Du mir entgegen, als sähest Du in Dir alles, einer Kraft gleich, die sich selbst betrachtet, so wie die Kraft im Samen eines Baumes, wenn sie sich selbst betrachtete, in sich den Baum ihrer Möglichkeit nach sähe. Die Kraft des Samens ist ja Baum in der Möglichkeit. Aber dann wird mir klar, daß Du Dich und in Dir alles nicht so siehst als wärest Du eine Kraft. Denn den Baum in der Möglichkeit seiner Kraft zu sehen ist verschieden von der Schau, in der er in der Wirklichkeit gesehen wird. Und schließlich finde ich, daß Deine unendliche Kraft jenseits spiegelartiger und samenhafter Beispiele steht und daß sie jenseits des Zusammenfalls von Strahlung und Widerschein, von Grund und Begründetem liegt; daß jene absolute Kraft die absolute Schau ist, die Vollendung, welche über allen Weisen des Sehens steht.

Denn alle Maßweisen, welche die Vollendung der Schau erklären, sind, vom Maß befreit, Deine Schau, die Deine Seinsheit ist, mein Gott. Aber dulde gütigster Herr, daß Dein geringes Geschöpf zu Dir spricht. Wenn Dein Sehen Dein Schaffen ist, und Du nichts siehst, daß Dir gegenüber ein Anderes ist, sondern Du selbst der Gegenstand Deiner selbst bist – Du bist ja der Sehende, das Sichtbare und das Sehen – wie schaffst Du Dinge, die Dir gegenüber etwas Anderes sind? Du scheinst Dich selbst zu erschaffen, so wie Du Dich selbst siehst. Aber Du tröstest mich, Leben meines Geistes. Wohl stellt sich mir die Mauer der Widersinnigkeit des Zusammenfalls von Schaffen mit Geschaffenwerden so entgegen, als sei es unmöglich, daß Schaffen mit Geschaffenwerden zusammenfällt – denn wenn man dies zugibt, scheint man zu behaupten, daß ein Ding sei, bevor es ist; weil es nämlich schafft, ist es, und weil es geschaffen wird, ist es nicht – und dennoch ist sie kein Hindernis. Denn Dein Schaffen ist Dein Sein.

Erschaffen und Erschaffenwerden zugleich ist nichts anderes als daß Du Dein Sein allen mitteilst, so daß Du alles in allen bist und doch von allem frei bleibst. Dinge zum Sein zu rufen, die nicht sind, bedeutet das Sein dem Nichts mitteilen. So ist Rufen Schaffen, und Mitteilen Geschaffenwerden. Und jenseits dieses Zusammenfalls von Schaffen mit Geschaffenwerden bist Du, o Gott, absolut und unendlich, weder schaffend noch schaffbar, obwohl alle Dinge das sind, was sie sind, weil Du bist.

O Tiefe des Reichtums, wie unfaßbar bist Du! Solange ich einen erschaffenden Schöpfer begreife, bin ich noch diesseits der Mauer des Paradieses. Auch wenn ich einen schaffbaren Schöpfer erfasse, bin ich noch nicht eingetreten, sondern nur gerade an der Mauer. Sehe ich Dich aber als die absolute Unendlichkeit, der weder der Name des schaffenden Schöpfers, noch des schaffbaren Schöpfers angemessen ist, dann beginne ich Dich unverhüllt zu betrachten und in den

Garten allen Entzückens einzutreten. Du bist ja in keiner Weise etwas, das gesagt oder begriffen werden kann, sondern in absoluter Weise über dies alles unendlich weit erhaben. Du bist darum nicht Schöpfer, sondern unendlich mehr als Schöpfer, wenn auch ohne Dich nichts wird oder werden kann. Dir sei Lob und Ehre in alle Ewigkeit.

XIII

Gott erscheint als die absolute Unendlichkeit

Herr und Gott, Helfer derer, die Dich suchen, ich schaue Dich im Garten des Paradieses und ich weiß nicht, was ich sehe, denn ich sehe nichts Sichtbares. Ich weiß allein, daß ich weiß, daß ich nicht weiß, was ich sehe und daß ich es nie wissen kann. Ich weiß nicht, wie ich Dich benennen soll, weil ich nicht weiß, wer Du bist. Und wenn irgend jemand mir sagte, Du würdest mit diesem oder jenem Namen genannt, dann wüßte ich schon dadurch, daß er einen Namen nennt, daß dies nicht Dein Name ist. Die Mauer, jenseits welcher ich Dich schaue, ist die Grenze für jede Weise einer Namens-Bezeichnung.

Legte irgend jemand eine Begriffsbildung dar, mit der Du begriffen werden solltest, dann wüßte ich, daß dies nicht ein Begriff für Dich ist: Jeder Begriff findet seine Grenze an der Mauer des Paradieses. Und wenn jemand irgendein Gleichnisbild darlegte und behauptete, man müsse Dich danach erfassen, dann wüßte ich gleichermaßen, daß dies kein Gleichnis für Dich ist. Genauso: wenn jemand eine Vernunfterkenntnis von Dir berichtete und damit ein Mittel geben wollte, Dich zu erkennen, dann wäre dieser Mann noch weit von Dir entfernt. Von allem diesem bist Du durch eine hohe Mauer getrennt. Sie trennt alles, was gesagt oder gedacht werden kann, von Dir, weil Du von allem dem, das in das Begriffsvermögen irgend eines Menschen fällt, losgelöst und frei bist.

Erhebe ich mich ganz hoch, so sehe ich Dich als die Unendlichkeit. Als diese bist Du unerreichbar, unerfaßbar, unnennbar, unvermehrbar und unsichtbar. Darum muß der, welcher sich Dir nähert, sich über jede Grenze, jedes Ende und Endliche erheben. Aber wie soll er zu Dir, dem End-Ziel, auf das er zustrebt, gelangen, wenn er sich über das Ende erheben muß? Tritt nicht der, der sich über das Ende erhebt, in das Unbegrenzte und Unbestimmte, d. h. – hinsichtlich der Vernunfterkenntnis – in Unwissenheit und Verdunklung, die der vernunfthaften Unbestimmtheit eigen sind?

Das Vernunft-Denken muß unwissend und ins Dunkel gestellt werden, wenn es Dich sehen will. Indes – was anderes, mein Gott, ist diese Unwissenheit der Vernunft als die wissende Unwissenheit? Kein anderer kann zu Dir herankommen, o Gott, der Du die Unendlichkeit bist, als nur derjenige, dessen Vernunft in Unwissenheit ist, d. h. jener, der weiß, daß er von Dir nichts weiß.

Wie kann die Vernunft Dich fassen, da Du doch die Unendlichkeit bist? Sie weiß, daß sie unwissend ist und Dich nicht fassen kann, eben, weil Du die Unendlichkeit bist. Die Unendlichkeit zu verstehen heißt ja das Unfaßbare erfassen. Die Vernunft weiß, daß sie Dich nicht kennt, weil sie weiß, daß Du nicht gewußt werden kannst; es sei denn in dem Sinne, daß man das Nicht-Wißbare weiß, das Nicht-Sichtbare sieht und das Nicht-Erreichbare erreicht.

Du mein Gott, bist die absolute Unendlichkeit, die ich als das unendliche Ende sehe. Aber ich vermag nicht zu begreifen, auf welche Weise das Ende ein Ende ohne Ende ist. Du, o Gott, bist das Ende Deiner selbst, weil Du bist, was Du hast. Wenn Du das Ende hast, bist Du das Ende. Du bist das unendliche Ende, weil Du das Ende Deiner selbst bist, weil Dein Ende Deine Wesenheit ist; und die Wesenheit des Endes wird nicht in einem dem Ende gegenüber Anderen begrenzt oder beendet, sondern in sich selbst. Das Ende also, welches das Ende seiner selbst ist, ist unendlich; jedes Ende, das nicht das Ende seiner selbst ist, ist ein endliches Ende. Da Du, o Herr, das Ende bist, das alles beendet, bist Du das Ende, welches kein Ende hat, und darum Ende ohne Ende, oder unendliches Ende, das sich jedem Verstand entzieht; es schließt ja einen Widerspruch ein. Stimme ich zu, daß es das unendliche Ende gibt, dann räume ich auch ein, daß das Dunkel Licht ist, die Unwissenheit Wissen und das Unmögliche das Notwendige ist. Und weil wir zugeben, daß es ein Ende des Endlichen gibt, geben wir notwendigerweise auch das Unendliche zu, oder das letzte Ende oder das Ende ohne Ende. Es ist unmöglich, nicht zuzugeben, daß das Seiende endlich ist; darum können wir auch nicht das Unendliche nicht zulassen. Also geben wir die Koinzidenz der Widersprüche zu, über der das Unendliche steht.

Jene Koinzidenz aber ist in derselben Weise ein

Widerspruch ohne Widerspruch wie ein Ende ohne Ende. Du sagst mir, Herr, daß genauso wie die Andersheit in der Einheit ohne Andersheit ist, weil sie Einheit ist, auch der Widerspruch in der Unendlichkeit ohne Widerspruch ist, weil er Unendlichkeit ist. Unendlichkeit ist Einfachheit alles Sagbaren. Widerspruch hingegen kann nicht ohne Änderung sein. In der Einfachheit aber ist die Andersheit ohne Andersheit, weil sie eben die Einfachheit selbst ist. Alles, was von der absoluten Einfachheit gesagt wird, fällt mit ihr zusammen, weil dort Haben Sein ist; der Gegensatz der Gegensätze ist der Gegensatz ohne Gegensatz, so wie das Ende des Endlichen das Ende ohne Ende ist.

Du, o Gott, bist der Gegensatz der Gegensätze, weil Du unendlich bist; und weil Du unendlich bist, bist Du die Unendlichkeit. In der Unendlichkeit ist der Gegensatz der Gegensätze ohne Gegensatz. Herr, mein Gott, Stärke der Schwachen, ich sehe, daß Du die Unendlichkeit selbst bist. Darum ist Dir gegenüber nichts anders oder verschieden oder entgegengesetzt. Die Unendlichkeit duldet neben sich keine Andersheit, denn da sie die Unendlichkeit ist, ist nichts außer ihr. Die absolute Unendlichkeit schließt alles ein und umfaßt alles. Gäbe es Unendlichkeit und außerhalb ihrer ein Anderes, dann gäbe es weder Unendlichkeit noch das Andere. Die Unendlichkeit kann nicht größer oder kleiner sein. Nichts ist außerhalb ihrer; schlösse die Unendlichkeit nicht jedes Sein in sich ein, dann wäre sie nicht die Unendlichkeit. Gäbe es keine Unendlichkeit, dann gäbe es auch kein Ende, kein Anderes und kein Verschiedenes, denn dies kann ohne die Andersheit von Enden und Grenzen nicht sein. Nimmt man das Unendliche hinweg, so bleibt nichts. Es gibt also die Unendlichkeit. Sie schließt alles ein und nichts kann außerhalb ihrer sein. Aus diesem Grund gibt es für sie nichts Anderes oder Verschiedenes. So ist die Unendlichkeit ebenso alles wie nichts von allem.

Kein Name vermag der Unendlichkeit zu entsprechen, denn jeder Name kann sein Gegenteil haben. Für die unnennbare Unendlichkeit kann es keinen Gegensatz geben. Sie ist auch nicht das Ganze, dem der Teil entgegengesetzt wird, noch kann sie Teil sein; sie ist nicht groß und nicht klein, sie ist nichts von allem, das sich im Himmel oder auf Erden benennen läßt. Die Unendlichkeit steht über alledem.

Die Unendlichkeit ist weder größer als etwas, noch kleiner, noch gleich. Wenn ich aber bedenke, daß die Unendlichkeit weder größer noch kleiner ist als irgend etwas, das gegeben werden kann, dann sage ich, daß sie das Maß aller Dinge ist, da sie nicht größer und nicht kleiner ist. Und so verstehe ich sie als die Gleichheit des Seins. Solche Gleichheit aber ist Unendlichkeit und darum ist sie nicht in der Weise Gleichheit, daß ihr das Ungleiche entgegengesetzt wäre; hier ist Ungleichheit vielmehr Gleichheit. Die Ungleichheit in der Unendlichkeit ist nämlich ohne Ungleichheit, weil sie Unendlichkeit ist. Genauso ist die Gleichheit in der Unendlichkeit Unendlichkeit.

Die unendliche Gleichheit ist ein Ende ohne Ende. Wenn sie auch weder größer noch kleiner ist, so ist sie deshalb doch nicht so Gleichheit, wie wir die verschränkte Gleichheit fassen, sondern unendliche Gleichheit, welche weder Mehr noch Weniger annimmt. Und so ist sie nicht dem einen mehr gleich als einem anderen; sie ist vielmehr dem einen ebenso gleich wie allem, und allem so wie keinem von allem.

Das Unendliche ist nicht verschränkbar, sondern bleibt absolut. Könnte man es von der Unendlichkeit weg verschränken, dann wäre es nicht das Unendliche. Darum ist es nicht zur Gleichheit mit dem Endlichen verschränkbar, wenn es auch keinem ungleich ist. Wie käme denn die Ungleichheit dem Unendlichen zu, dem weder Größer noch Kleiner zukommt? Das Unendliche ist also keinem Ding, das gegeben werden kann, gegenüber größer, kleiner oder ungleich. Deshalb ist es aber nicht dem Endlichen gleich; es steht über allem Endlichen, das heißt, es ist durch sich selbst. Darum ist das Unendliche vollkommen absolut und unverschränkbar.

Wie hoch erhaben über alles bist Du, Herr, und wie demütig, da Du in allem bist. Könnte die Unendlichkeit zu irgendetwas Benennbarem verschränkt werden, wie Linie, Fläche oder Eigengestalt, dann zöge sie das an sich heran, zu dem sie verschränkt wäre. Es würde einen Widerspruch einschließen zu sagen, daß das Unendliche verschränkbar sei, da es nicht verschränkt würde, sondern an sich zöge. Wenn ich sage, daß das Unendliche zur Linie verschränkt wird – z. B., wenn ich sage: die unendliche Linie –, dann wird die Linie an das Unendliche herangezogen. Denn, wenn sie keine Quantität und kein Ende hat, hört die Linie auf, Linie zu sein. Die unendliche Linie ist keine Linie, denn die Linie in der Unendlichkeit ist die Unendlichkeit selbst. Ebenso wie zum Unendlichen nichts hinzugefügt werden kann, so vermag das Unendliche nicht zu irgend etwas verschränkt werden, so daß es etwas anderes als das Unendliche wäre.

Die unendliche Güte ist nicht Güte, sondern Unendlichkeit. Die unendliche Quantität ist nicht Quantität, sondern Unendlichkeit. Dies gilt für alles. Du bist der große Gott, dessen Größe kein Ende hat. – Daher sehe ich, daß Du das unmeßbare Maß und das unendliche Ende aller Dinge bist. Als der Unendliche ohne Ursprung und Ende, bist Du, Herr, der Ursprung ohne Ursprung und das Ende ohne Ende. Du bist der Ursprung ohne Ende und das Ende ohne Ursprung, und so der Ursprung, daß Du das Ende und so das Ende, daß Du der Ursprung bist; Du bist weder Ursprung noch Ende, sondern über Ursprung und Ende erhaben, die absolute Unendlichkeit, die in Ewigkeit gepriesen sei.

XIV

Gott faltet alles ohne Andersheit in sich ein

Durch die Unendlichkeit Deines Erbarmens sehe ich Dich als die alles umfassende Unendlichkeit. Nichts gibt es außerhalb Deiner. Alles in Dir ist Dir gegenüber nichts anderes. Du lehrst mich, Herr, daß die Andersheit, die in Dir nicht ist, auch in sich selbst nicht ist und nicht sein kann. Auch läßt nicht die Andersheit, die in Dir nicht ist, das eine Geschöpf anders sein als das andere, obwohl das eine nicht das andere ist. Der Himmel indes ist nicht die Erde, wenn es auch wahr ist, daß der Himmel Himmel ist und die Erde Erde.

Wenn ich nun die Andersheit suche, die weder in Dir ist, noch außerhalb Deiner, wo soll ich sie finden? Ist sie aber nicht – wieso ist dann die Erde ein anderes Geschöpf als der Himmel? Ohne Andersheit läßt sich das nicht begreifen. Du sprichst in mir, Herr, und sagst: Das Prinzip der Andersheit ist kein positives und darum ist sie nicht. Denn wie sollte die Andersheit ohne Ursprung sein, wenn sie nicht selbst der Ursprung und die Unendlichkeit wäre?

Die Andersheit ist aber nicht der Ursprung des Seins. Andersheit bezeichnet nämlich ein Nicht-Sein.

Weil das Eine nicht das Andere ist, wird es ein Anderes genannt. Die Andersheit kann also nicht der Ursprung des Seins sein, weil sie vom Nicht-Sein ausgesagt wird. Auch hat sie keinen Seins-Ursprung, da sie vom Nicht-Sein stammt. Die Andersheit ist also nicht Etwas. Die Tatsache, daß der Himmel nicht die Erde ist, kommt daher, daß der Himmel nicht die Unendlichkeit selbst ist, welche alles Sein umgibt.

Daher, daß die Unendlichkeit die absolute Unendlichkeit ist, kommt es, daß das Eine nicht das Andere sein kann. So umgibt das Sein des Sokrates das gesamte sokratische Sein und in diesem einfachen sokratischen Sein ist keine Andersheit oder Verschiedenheit. Das Sein des Sokrates ist die individuelle Einheit für alles, was zu Sokrates gehört; und zwar so, daß in diesem einzigen Sein das Sein von allem, das in Sokrates ist, eingefaltet ist; in dieser individuellen Einfachheit, in der nichts Anderes oder Verschiedenes zu finden ist. In diesem einzigen Sein ist alles, was sokratisches Sein besitzt; es wird aus ihm entfaltet und außerhalb seiner ist es nicht und kann es nicht sein. Wenn auch in diesem ganz einfachen Sein das Auge nicht das Ohr ist, das Haupt nicht das Herz, das Sehen nicht das Hören und der Sinn nicht der Verstand, so kommt das nicht aus irgendeinem Prinzip der Andersheit. Ist das einfache sokratische Sein gesetzt, so folgt daraus, daß das Haupt nicht der Fuß ist, weil das Haupt nicht das ganz einfache sokratische Sein ist. Darum umfaßt sein Sein nicht das gesamte sokratische Sein. Weil Du, o Herr, mich erleuchtest, erkenne ich, daß das Sein jedes einzelnen Gliedes nicht das eines anderen ist, weil das einfache sokratische Sein in keiner Weise dem Sein eines Gliedes mitgeteilt oder zu ihm verschränkt werden kann; jenes einfache sokratische Sein ist vielmehr das Sein aller Glieder des Sokrates; alle Verschiedenheit und Andersheit, welche den Gliedern zuteil wird, ist in ihm die einfache Einheit; ebenso wie die Vielheit der Formen der Teile in der Gestalt des Ganzen die Einheit ist.

Dein Sein, o Herr, das die Unendlichkeit ist, verhält sich irgendwie in absoluter Weise zu allen Dingen, die sind. Ich sage: absolut; d. h. als die absolute Seinsgestalt aller verschränkten Gestalten. Aus diesem Grunde bleibt die Hand des Sokrates, wenn sie von Sokrates abgetrennt wird, doch in irgendeiner Art Sein-des-toten-Körpers, wenn sie auch nicht weiterhin die Hand des Sokrates ist, nachdem sie abgeschnitten wurde. Dies kommt daher, daß die Form des Sokrates, die ihr das Sein gibt, nicht das Sein schlechthin gibt, sondern ein verschränktes sokratisches Sein, von dem das Sein der Hand abgetrennt werden kann, und doch unter einer anderen Form weiter besteht. Würde die Hand aber einmal von dem ganz unverschränkten Sein abgetrennt, das unendlich und absolut ist, dann würde sie vollständig aufhören zu sein, sie wäre ja von jedem Sein getrennt.

Ich danke Dir, Herr, mein Gott, daß Du mir, soweit ich es zu fassen vermag, in reichem Maße offenbarst, wie Du die Unendlichkeit bist, welche das Sein aller Dinge in ihrer ganz einfachen Kraft einfaltet; diese Deine Kraft wäre nicht unendlich, wenn sie nicht in unendlicher Weise geeint wäre. Geeinte Kraft ist ja stärker. Eine Kraft, die so sehr geeint ist, daß sie nicht stärker geeint werden kann, ist darum unendlich und allmächtig. Du bist der allmächtige Gott, weil Du die absolute Einfachheit bist, welche die absolute Unendlichkeit ist.

XV

Die wirkende Unendlichkeit ist die Einheit, in welcher die Darstellung die Wahrheit ist

Dulde wenigstens noch weiter Deinen geringen Diener, der voll Torheit ist, sofern Du ihm nicht gewährst, zu Dir, seinem Gott zu sprechen! In diesem gemalten Antlitz sehe ich eine Darstellung der Unendlichkeit. Denn sein Blick ist nicht auf einen Gegenstand oder einen Ort hin begrenzt, und darum unendlich. Er wendet sich nicht einem Betrachter mehr zu als einem anderen, und obwohl sein Blick in sich unendlich ist, scheint er doch durch jeden beliebigen Schauenden begrenzt zu werden, weil er jeden so bestimmt anblickt, als ob er ihn allein und nichts anderes sähe. Du erscheinst mir, Herr, als absolutes und unendliches Können-Sein, das durch jede Gestalt gestaltet und begrenzt werden kann.

Wir sagen ja, die Möglichkeit der Materie geformt zu werden, sei unendlich, weil sie niemals gänzlich ausgeschöpft wird. Du antwortest in mir, unendliches Licht, daß die absolute Möglichkeit und Mächtigkeit die Unendlichkeit selbst ist, welche jenseits der Mauer des Zusammenfalls liegt, wo Werden-Können mit Machen-Können und die Möglichkeit mit der Wirklichkeit koinzidiert. Wenn sich auch die erste Materie in der

Möglichkeit zu unendlich vielen Formen befindet, so vermag sie diese doch nicht als Wirklichkeit zu haben; die Möglichkeit wird vielmehr durch eine einzige Form begrenzt. Wird diese hinweggenommen, wird sie durch eine andere bestimmt. Fiele das Können-Sein der Materie mit ihrem Wirklich-Sein zusammen, dann wäre sie so Möglichkeit, daß sie Wirklichkeit wäre. Und so wie sie sich in der Möglichkeit zu unendlich vielen Formen befand, so wäre sie auch als Wirklichkeit in unendlicher Zahl geformt. Die Unendlichkeit als Wirklichkeit hingegen ist ohne Andersheit; und sie kann nicht Unendlichkeit sein ohne auch Einheit zu sein. Daher können nicht unendlich viele Formen als Wirklichkeit sein, vielmehr ist die wirkliche Unendlichkeit die Einheit.

Du, o Gott, der Du die Unendlichkeit bist, bist der eine Gott, in dem ich alles Können-Sein als Wirklich-Sein sehe. Denn das absolute Können, das von jeder Möglichkeit losgelöst ist, die zur ersten Materie oder irgendeiner passiven Möglichkeit verschränkt ist, ist das absolute Sein. Was immer im unendlichen Sein enthalten ist, ist dieses unendliche ganz einfache Sein. Das Alles-Können-Sein ist im unendlichen Sein das unendliche Sein selbst, gleicherweise ist das Alles-Wirklich-Sein im unendlichen Sein das Unendliche Sein. Darum sind das absolute Können-Sein und das absolute Wirklich-Sein in Dir, mein Gott, nichts anderes als Du, unendlicher Gott, selbst.

Alles Können-Sein bist Du, mein Gott. Das Können-Sein der ersten Materie ist materienhaft, darum verschränkt und nicht absolut; ebenso ist auch das sinnliche oder verständige Können-Sein verschränkt. Das gänzlich unverschränkte Können hingegen fällt mit dem einfachen Absoluten, das heißt mit dem Unendlichen, zusammen.

Wohl trittst du, mein Gott, mir entgegen als wärest Du erste formbare Materie, weil Du die Form eines jeden Dich Betrachtenden annimmst; dann bringst Du mich jedoch dahin, zu sehen, daß nicht der Dich Betrachtende Dir die Form gibt, sondern in Dir sich selbst schaut, weil er von Dir das erhalten hat, was er ist. Und so verschenkst Du, was Du vom Betrachter zu erhalten scheinst; so als seist Du ein lebender Spiegel der Ewigkeit, d. h. die Gestalt der Gestalten. Blickt jemand in diesen Spiegel, so sieht er seine Gestalt in der Gestalt der Gestalten, die der Spiegel ist. Und er glaubt, die Gestalt, die er im Spiegel sieht, sei die Darstellung seiner eigenen Gestalt. So nämlich verhält es sich bei einem Spiegel aus poliertem Metall. Doch das Gegenteil davon ist wahr. Was er in jenem Spiegel der Ewigkeit sieht, ist nicht Darstellung, sondern die Wahrheit, deren Darstellung er, der Sehende, selbst ist. Also ist die Darstellung in Dir, mein Gott, die Wahrheit und das Urbild von allem und allem einzelnen, das ist oder sein kann.

O Gott, jeder Menschengeist muß Dich bewundern! Manchmal erscheinst Du als wärest Du Schatten und bist doch Licht. Denn, wenn ich sehe, wie der Blick Deines Bildes sich meinen geänderten Bewegungen entsprechend zu ändern scheint und mir Dein Antlitz verwandelt vorkommt, weil ich mich gewandelt habe, dann scheinst Du wie ein Schatten zu sein, der den sich wandelnden Bewegungen des Gehenden folgt. Weil ich ein lebender Schatten bin und Du die Wahrheit, schließe ich aus der Veränderung des Schattens, daß sich die Wahrheit verändert hat. Mein Gott, Du bist so der Schatten, daß Du die Wahrheit bist, und so das Abbild von mir und jedem anderen, daß Du das Urbild bist.

Herr, Erleuchter der Herzen, mein Angesicht ist ein wahres Angesicht, weil Du, der Du die Wahrheit bist, es mir gegeben hast. Und es ist ein Abbild, weil es nicht die Wahrheit selbst ist, sondern ein Abbild der absoluten Wahrheit. Ich schließe also in meinem Begriff die Wahrheit und das Abbild meines Gesichtes ein und sehe, daß in ihr das Abbild mit der Wahrheit des Gesichtes in der Weise zusammenfallen, daß es insoweit wahr ist, als es Abbild ist. Dann zeigst Du mir, Herr, daß in Bezug auf die Veränderung meines Gesichtes Dein Antlitz zugleich verwandelt und ungewandelt ist. Gewandelt, weil es die Wahrheit meines Gesichtes nicht verläßt, ungewandelt aber, weil es den Wandlungen des Abbildes nicht folgt.

Aus demselben Grunde, nach dem Dein Angesicht die Wahrheit meines Gesichtes nicht verläßt, folgt es auch nicht den Wandlungen des veränderlichen Abbildes. Die absolute Wahrheit ist Unveränderlichkeit. Die Wahrheit meines Gesichtes ist wandelbar, weil sie so Wahrheit ist, daß sie Bild ist. Deine Wahrheit jedoch ist unwandelbar, weil sie so Bild ist, daß sie Wahrheit ist. Die absolute Wahrheit kann die Wahrheit meines Gesichtes nicht verlassen. Verließe sie es, so könnte mein Gesicht, die wandelbare Wahrheit, nicht bestehen bleiben. So erscheinst du, o Gott, wegen Deiner unendlichen Güte wandelbar, weil Du die wandelbaren Geschöpfe nicht verläßt. Aber Du bist die absolute Güte und darum bist Du nicht wandelbar, weil Du der Wandelbarkeit nicht folgst.

O unergründliche Erhabenheit, mein Gott, der Du zugleich die Geschöpfe nicht verläßt und ihnen nicht folgst. O unerklärbare Liebe, Du bietest Dich dem Betrachter an, als empfingest Du von ihm das Sein und gestaltest Dich ihm gleich, auf daß er Dich umso mehr liebe, je mehr Du ihm gleich erscheinst. Wir können ja uns selbst nicht hassen. Darum lieben wir das, was an unserem Sein teilhat und es begleitet. Wir umfassen voll Liebe unsere Ähnlichkeit, weil wir uns in einem Bild darstellen, in dem wir uns lieben.

In der Herablassung Deiner unendlichen Güte, o Gott, zeigst Du Dich gleichsam als unser Geschöpf, um uns so an Dich zu ziehen. Auf jede mögliche Weise, in der ein freies und verständiges Geschöpf herangezogen werden kann, ziehst Du uns an Dich. In Dir, o Gott, fällt Geschaffen-werden mit Schaffen zusammen. Die Ähnlichkeit, die von mir geschaffen zu werden scheint, ist die Wahrheit, die mich schafft; so wenigstens möchte ich es fassen, wie eng ich an Dich gebunden sein sollte, da in Dir Geliebt-Werden mit Lieben zusammenfällt.

Wenn ich mich in Dir, meiner Ähnlichkeit, lieben soll, fühle ich mich dann am stärksten dazu bewegt, wenn ich sehe, daß Du mich als Dein Geschöpf und Abbild liebst. Wie könnte ein Vater einen Sohn nicht lieben, der so Sohn ist, daß er Vater ist? Und wenn der sehr liebenswert ist, der durch Wertschätzung Sohn und durch Erkennen Vater ist, mußt nicht Du, der Du in der Wertschätzung den Sohn und im Erkennen den Vater übertriffst, am meisten geliebt werden? Dein Wille war es, o Herr, daß die kindliche Liebe in der Wertschätzung begründet werde, und Du willst in größerer Ähnlichkeit als ein Sohn betrachtet und in größerer Innigkeit als ein Vater erkannt werden. Denn Du bist die Liebe, die sowohl die kindliche wie die väterliche Zuneigung in sich einschließt. Du, meine beseligende Liebe, mein Gott, sei in Ewigkeit gepriesen.

XVI

Wäre Gott nicht unendlich, könnte er nicht Ziel der Sehnsucht sein

Das Feuer läßt nicht ab von der Glut und die Liebe nicht von der Sehnsucht, die zu Dir hinträgt, o Gott, der Du die Gestalt alles Ersehnenswerten bist und jene Wahrheit, die in jeder Sehnsucht ersehnt wird. Daher habe ich begonnen, aus Deinem honiggleichen Geschenk die unfaßbare Süßigkeit Deiner Liebe zu kosten, die mir umso teurer wird, je unendlicher sie erscheint. Aus diesem Grund erkenne ich, daß Du darum allen Geschöpfen unbekannt bist, o Gott, auf daß sie wie in einem unzählbaren und unerschöpflichen Schatz in dieser heiligen Unwissenheit umso größere Ruhe finden. Weitaus größere Freude erfüllt ja einen Mann, der einen Schatz findet, von dem er weiß, daß er unzählbar und unendlich ist, als einen, der einen zählbaren und endlichen findet. Darum ist das heilige Nichtwissen Deiner Größe die ersehnteste Nahrung meiner Vernunft; vor allem deshalb, weil ich diesen Schatz in meinem Acker finde, so daß er mein eigen ist.

O Quelle des Reichtums! Du willst als mein Eigentum erfaßt werden und zugleich unfaßlich und unendlich bleiben, weil Du ein Schatz voll von solcher

Wonne bist, daß niemand nach deren Ende verlangen kann. Wie könnte das Verlangen verlangen, nicht zu sein? Ob der Wille verlangt, zu sein oder nicht zu sein, das Verlangen selbst vermag nicht zu ruhen, sondern geht weiter ins Unendliche. Du läßt Dich herab, o Herr, um begriffen zu werden, und bleibst doch unzählbar und unendlich; bliebest Du nicht unendlich, so wärest Du nicht das Ziel der Sehnsucht. Du bist ja unendlich, um das Ziel jeder Sehnsucht zu sein. Das vernunfthafte Sehnen bezieht sich ja nicht auf etwas, das größer oder begehrenswerter zu sein vermag. Alles aber, das diesseits des Unendlichen liegt, vermag größer zu sein. Das Ziel der Sehnsucht ist also unendlich.

Du bist, o Gott, die Unendlichkeit, die allein ich in jeder Sehnsucht ersehne. Dem Wissen um diese Unendlichkeit kann ich mich nicht mehr nähern als soweit, daß ich weiß, sie ist unendlich. Je besser ich also erfasse, mein Gott, daß Du unerfaßlich bist, desto besser erreiche ich Dich, weil ich dem Ziel meiner Sehnsucht näher komme.

Was immer mir entgegentritt, das Dich als erfaßbar zu beweisen bemüht ist, verwerfe ich, da es mich auf Irrwege führt. Meine Sehnsucht, in der Du widerstrahlst, führt mich zu Dir, weil sie das Endliche und Begrenzte verwirft. In ihm vermag sie keine Ruhe zu finden, da sie von Dir zu Dir geführt wird. Du aber bist der Ursprung ohne Ursprung und das Ende ohne Ende. Die Sehnsucht wird also vom ewigen Ursprung, von dem sie hat, daß sie Sehnsucht ist, zu dem Ende ohne Ende geführt. Und dieses ist unendlich. Daß ich geringer Mensch nicht zufrieden wäre in Dir, wenn ich wüßte, daß ich Dich erfassen kann, kommt daher, daß ich von Dir in das Unfaßbare und Unendliche geführt werde.

Ich sehe Dich, mein Gott, in einer Art geistiger Entrückung; denn wenn schon das Auge nicht im Sehen Genüge findet, und das Ohr nicht im Hören, so noch weniger die Vernunft in dem, was sie einsieht. Denn nicht das, was die Vernunft einsieht, sättigt sie oder ist ihr Ziel. Aber auch nicht das, was sie durchaus nicht versteht, vermag sie zu sättigen, sondern vielmehr das, was sie durch Nicht-Einsehen erkennt. Weder das Einsichtige, das sie erkennt, noch das Einsichtige, das sie gar nicht erkennt, sättigt sie; vielmehr vermag ihr nur dasjenige Einsichtige, das sie als so sehr einsichtig erkennt, daß sie es niemals völlig einsehen kann, Sättigung zu bringen. Wer an unersättlichem Hunger leidet, den vermag weder ein wenig Speise, die er hinunterschlucken kann, noch Speise, die gar nicht zu ihm hingelangt, zu sättigen, sondern allein jene Speise, die zu ihm kommt, und die, auch wenn er ständig von ihr zehrt, doch nie völlig verzehrt werden kann, da sie von solcher Art ist, daß sie sich durch das Verzehrtwerden nicht verringert, weil sie unendlich ist.

XVII

Gott kann nur als einigdreier vollkommen erschaut werden

Du hast Dich mir als so liebenswert gezeigt, o Herr, daß Du nicht liebenswerter sein kannst. Du bist ja unendlich liebenswert, mein Gott. Niemals aber kannst Du von irgendjemandem so geliebt werden, wie Du liebenswert bist, außer von einem unendlich Liebenden. Würdest Du nicht unendlich lieben, wärest Du auch nicht unendlich liebenswert. Dein Liebenswert-Sein, welches das Unendlich-Geliebt-Werden-Können ist, kommt davon, weil es zugleich das Unendlich-Lieben-Können ist. Aus dem Unendlich-Lieben-Können und dem Unendlich-Geliebt-Werden-Können entsteht die unendliche Liebesverknüpfung des Unendlich-Liebenden und des Unendlich-Liebenswerten. Das Unendliche aber kann nicht vervielfältigt werden.

Du, mein Gott, der Du die Liebe bist, bist die liebende Liebe und die liebenswerte Liebe und die Liebensverknüpfung von Liebendem und Liebenswertem. In Dir, mein Gott, sehe ich die liebende und die liebenswerte Liebe; und aus dem, daß ich in Dir die liebende und die liebenswerte Liebe sehe, sehe ich die Verknüpfung beider. Und das ist nichts anderes als das, was ich in Deiner absoluten Einheit sehe, in der ich die einigende Einheit, die einbare Einheit und die Einung beider sehe. Was immer ich aber in Dir sehe, das bist du, mein Gott. Du bist jene unendliche Liebe, die ich nicht ohne Liebenden, Liebenswerten und die Verknüpfung beider als natürliche und vollkommene Liebe sehen kann. Wie sollte ich denn die ganz vollkommene und natürliche Liebe ohne Liebenden, Liebenswerten und ihre Verknüpfung sehen? Daß die Liebe liebend, liebenswert und die Verknüpfung beider ist, das erfahre ich, muß in der verschränkten Liebe aus der Seinsheit der vollkommenen Liebe kommen. Das aber, was die verschränkte Liebe aus der Seinsheit der vollkommenen Liebe hat, kann der absoluten Liebe nicht fehlen, von der die verschränkte Liebe alle Vollkommenheit hat, die ihr eigen ist.

Je einfacher die Liebe ist, desto vollkommener ist sie. Du, mein Gott, bist die vollkommenste und einfachste Liebe. Du bist die vollkommenste, einfachste und natürlichste Seinsheit der Liebe. Darum ist in Dir, der Liebe, die liebende Liebe, die liebenswerte Liebe und die Verknüpfung beider nicht etwas jeweils anderes, sondern das selbe, Du selbst, mein Gott. Weil in Dir Liebenswertes mit Liebendem und Geliebt-Werden mit Lieben zusammenfällt, ist die Verknüpfung des Zusammenfalles eine wesenhafte Verknüpfung. In Dir ist ja nichts, das nicht Deine Seinsheit selbst ist. Was mir als dreierlei entgegentritt, als Liebender, Liebenswerter und die Verknüpfung, ist die ganz einfache absolute Seinsheit; nicht drei, sondern eines. Diese Deine Seinsheit, mein Gott, die mir als ganz einfach, und um es so zu sagen, ganz eins entgegentritt, ist nicht die natürlichste und vollkommenste ohne die drei Genannten. Sie ist eine dreifache Wesenheit und doch sind nicht drei in ihr, weil sie die einfachste ist. Die Vielheit der drei Genannten ist so Vielheit, daß sie Einheit ist, und die Einheit ist so Einheit, daß sie Vielheit ist. Die Einheit der drei ist Vielheit ohne vielfache Zahl. Eine vielfache Zahl kann eben deshalb, weil sie eine vielfache Zahl ist, nicht die einfache Einheit sein.

Diese drei haben also keine zahlenmäßige Unterscheidung, denn eine solche ist wesenhaft. Eine Zahl unterscheidet sich nämlich von einer Zahl wesenhaft. Und weil jene Einheit dreifach ist, ist sie nicht die Einheit einer einzelnen Zahl. Die Einheit einer einzelnen Zahl ist nämlich nicht dreifach.

O wunderbarer Gott, Du bist weder von einfacher noch von vielfacher Zahl, sondern über jeder Vielzahl und Einzigkeit einigdrei und dreieinig. In der Mauer des Paradieses, in dem Du weilst, mein Gott, sehe ich die Vielheit mit der Einzigkeit zusammenfallen, und Dich selbst weit jenseits wohnen. Lehre mich Herr, wie ich das, was ich als notwendig erkenne, auch als möglich erfasse. Es scheint mir eine Unmöglichkeit zu sein, daß die Vielheit der Drei, ohne die ich Dich nicht als die vollkommene und natürliche Liebe begreifen kann, eine Vielheit ohne Zahl ist.

Sagt jemand: eins, eins, eins, dann sagt er dreimal eins; sagt aber nicht drei, sondern eins und das dreimal. Denn wenn er dreimal eins sagt, dann wiederholt er dasselbe und zählt nicht. Zählen bedeutet, eines zum anderen machen; ein und dasselbe dreimal wiederholen aber ist vervielfachen ohne Zahl. Darum ist die Vielheit, die in Dir, o Gott, von mir erschaut wird, eine Andersheit ohne Andersheit, denn sie ist eine Andersheit, die Selbigkeit ist. Sehe ich auch, daß der Liebende nicht das Liebenswerte ist, und die Verknüpfung weder der Liebende, noch das Liebenswerte, so sehe ich doch nicht in der Weise, daß der Liebende nicht das Liebenswerte ist, als ob er eines und das Liebenswerte ein anderes wäre, sondern ich sehe vielmehr, daß die Unterscheidung von Liebendem und Liebenswertem in der Mauer des Zusammenfalls von Einheit und Andersheit ist.

Diese Unterschiedenheit in der Mauer der Koinzidenz, in der Unterschiedenes und Nicht-Unterschiedenes zusammenfallen, geht jeder erkennbaren Andersheit und Verschiedenheit voraus. Die Mauer verschließt die Möglichkeit jeder Vernunft, wenn auch das Auge darüber hinaus in den Paradiesgarten blickt. Denn das, was es sieht, vermag es weder zu sagen noch einzusehen. Seine Liebe ist ein geheimer und verborgener Schatz, der verborgen bleibt, auch wenn er gefunden ist. Er wird in der Mauer des Zusammenfalls von Verborgenem und Offenbarem gefunden.

Ich vermag mich von der Süßigkeit der Schau nicht zurückzuziehen, ohne mir noch in irgendeiner Weise die Enthüllung des Unterschiedes von Liebendem, Liebenswertem und ihrer Verknüpfung klarzumachen. Denn ein wenig scheint man ihren süßen Geschmack in einem Gleichnis im voraus kosten zu können. Du verleihst mir, o Herr, daß ich in mir die Liebe sehe, weil ich mich als Liebenden sehe. Und weil ich sehe, daß ich mich selbst liebe, sehe ich, daß ich liebenswert bin. Und ich sehe, daß ich die natürliche Verknüpfung zwischen beiden bin. Ich bin Liebender, ich bin Liebenswerter, ich bin die Verknüpfung. Die Liebe, ohne die keines dieser drei sein kann, ist eines. Ich bin einer, der ich liebe, ebenderselbe, der ich liebenswert bin, und ebenderselbe, der ich die Verknüpfung bin, die aus der Liebe entsteht, mit der ich mich liebe. Ich bin einer und nicht drei.

Nehmen wir an, daß meine Liebe meine Wesenheit wäre, wie es in Dir der Fall ist, mein Gott. Dann wäre in der Einheit meiner Wesenheit die Einheit der drei Genannten; und in der Dreiheit der drei Genannten die Einheit der Wesenheit. Und alle wären in mir verschränkt in derselben Weise, in der ich sie in Dir wahr und absolut bestehen sehe. Ferner: die liebende Liebe sei nicht die liebenswerte Liebe und nicht die Verknüpfung. Dies erfahre ich in folgender Art: Durch die liebende Liebe, die ich auf eine außerhalb von mir liegende Sache ausbreite, gleichsam als auf das Liebenswerte außerhalb meiner Wesenheit – folgt die Verknüpfung, durch die ich mit jenem Ding verknüpft werde, soweit es an mir liegt. Diese Sache wird mir aber durch diese Verknüpfung nicht verbunden, weil sie mich zufällig nicht liebt. Mag ich sie daher auch so sehr lieben, daß sich meine liebende Liebe über sie ausbreitet, so zieht meine liebende Liebe doch nicht meine liebenswerte Liebe mit sich; denn ich werde ihr nicht liebenswert. Sie kümmert sich nicht um mich, auch wenn ich sie sehr liebe; so wie sich manchmal ein Sohn nicht um seine Mutter kümmert, auch wenn sie ihn zärtlich liebt. Auf diese Weise erfahre ich, daß die liebende Liebe nicht die liebenswerte Liebe ist, und auch nicht die Verknüpfung. Ich sehe, daß der Liebende vom Liebenswerten und der Verknüpfung unterschieden ist; doch liegt dieser Unterschied nicht in der Wesenheit der Liebe, weil ich weder mich, noch ein anderes Ding ohne Liebe lieben kann. So ist die Liebe von der Wesenheit dreifacher Liebe und ich sehe die ganz einfache Wesenheit der drei Genannten, wenn sie sich auch voneinander unterscheiden.

Ich habe eine Art Vorgeschmack Deiner Natur, o Herr, in diesem Gleichnis ausgedrückt. Vergib mir, Barmherziger, daß ich versuche, den undarstellbaren Wohlgeschmack Deiner Süßigkeit darzustellen. Wenn schon der Geschmack einer unbekannten Frucht durch kein Bild und keine Darstellung dargestellt werden kann, und durch kein Wort auszudrücken ist, wer bin ich dann, ich armer Sünder, der ich mich erkühne, Dich, den Unzeigbaren zu zeigen, den Unsichtbaren sichtbar darzustellen und Deine unendlich unbeschreibliche Süßigkeit schmackhaft zu machen, die zu kosten ich doch niemals verdient habe. Durch das, was ich sage, erniedrige ich sie eher, als daß ich sie ehre. Aber Deine Güte ist so groß, mein Gott, daß Du auch Blinde vom Licht reden und das Lob dessen verkünden läßt, von dem sie nichts wissen und nichts wissen können, wenn es ihnen nicht geoffenbart wird.

Eine Offenbarung aber reicht nicht an den Wohlgeschmack heran. Das Ohr des Glaubens erreicht nicht die Süßigkeit des Wohlgeschmackes. Das aber, Herr, hast Du mir geoffenbart, daß die Unendlichkeit Deiner Süßigkeit, die Du denen bereitet hast, die Dich lieben, kein Ohr vernommen hat, und in das Herz keines Menschen gedrungen ist. Paulus, Dein großer Apostel, hat uns dies geoffenbart; er, der über die Mauer des Zusammenfalles ins Paradies entrückt wurde, wo Du allein durch Offenbarung geschaut werden kannst; Du, der Du der Quell der Freuden bist.

Im Vertrauen auf Deine unendliche Güte habe ich versucht, mich der Entrückung hinzugeben, um Dich, den Unsichtbaren und die unenthüllbare Schau enthüllt zu sehen. Wohin ich vorgedrungen bin, weißt Du. Ich aber weiß es nicht und mir genügt Deine Gnade, durch die Du mir Gewißheit darüber schenkst, daß Du unerfaßbar bist und zur sicheren Hoffnung aufrichtest, unter Deiner Führung dahin zu gelangen, mich Deiner ganz zu erfreuen.

XVIII

Wäre Gott nicht dreieinig, so gäbe es keine Seligkeit

Daß doch, o Herr, alle die Augen ihres Geistes öffneten, die sie als Dein Geschenk bekommen haben und mit mir erkennten, daß Du der eifernde Gott bist, da Du, die liebende Liebe, nichts hassen kannst. In Dir, dem liebenswerten Gott, der alles Liebenswerte in sich einfaltet, liebst Du jedes Liebenswerte. Sie sollen also mit mir sehen, durch welchen Bund oder durch welche Verknüpfung Du mit allen geeint bist. Du liebst, liebender Gott, alles ebenso wie jedes einzelne und verleihst allem Deine Liebe.

Viele aber lieben Dich nicht, sondern ziehen Dir etwas Dir gegenüber anderes vor. Wäre die liebenswerte Liebe nicht von der liebenden Liebe unterschieden, dann wärest Du allen so liebenswert, daß sie nichts außer Dir lieben könnten und alle verständigen Geister wären genötigt, Dich zu lieben. Doch Du, mein Gott, bist so großzügig, daß Du es der Freiheit der verständigen Seelen überlassen willst, Dich zu lieben oder nicht. Darum folgt aus Deinem Lieben nicht, daß Du auch geliebt wirst.

Du, mein Gott, bist durch die Verknüpfung der Liebe mit allem geeint, weil Du Deine Liebe über jedes

Deiner Geschöpfe erstreckst. Aber nicht jeder verständige Geist ist mit Dir geeint, weil er seine Liebe nicht auf Dein Liebenswert-Sein richtet, sondern auf etwas anderes, mit dem er geeint und verknüpft ist. Durch Deine liebende Liebe hast Du Dich jeder verständigen Seele bräutlich verbunden, doch nicht jede Braut liebt Dich als ihren Bräutigam, sondern oft einen anderen, dem sie anhängt. Aber wie könnte Deine Braut, mein Gott, die menschliche Seele, ihr Ziel erreichen, wenn Du nicht liebenswert wärest, so daß sie auf diese Weise Dich, den Liebenswerten, liebend erwählt und dadurch zur Verknüpfung und seligen Einung gelangen kann? Wer könnte leugnen, daß Du, o Gott, dreieinig bist, wenn er sähe, daß Du dann weder der großzügige, natürliche und vollkommene Gott wärest, und daß es dann keinen Geist mit freiem Willen gäbe, noch er selbst, wärest Du nicht dreifach und einfach, dahin gelangen könnte, Dich zu kosten und selig zu sein.

Da Du die erkennende und die erkennbare Vernunft und die Verknüpfung beider bist, kann die erschaffene Vernunft in Dir, ihrem erkennbaren Gott, die Vereinigung mit Dir und ihre Seligkeit erreichen. Ebenso vermag, weil Du die liebenswerte Liebe bist, der erschaffene liebende Wille in Dir, seinem liebenswerten Gott, Einung und Seligkeit erreichen. Denn wer Dich, o Gott, das empfängliche und verständige Licht aufnimmt, der vermag zu einer so engen Einung mit Dir zu gelangen, daß er mit Dir geeint ist, wie der Sohn mit dem Vater.

Da Du mich erleuchtest, Herr, sehe ich, daß die verständige Natur nur deshalb die Einung mit Dir erreichen kann, weil Du liebenswert und erkennbar bist. Daher kann also die menschliche Natur nicht mit Dir, ihrem liebenden Gott, vereint werden, denn als solcher bist Du nicht ihr Gegenüber; sie kann vielmehr mit Dir als ihrem liebenswerten Gott vereint werden, da das Liebenswerte das Gegenüber des Liebenden ist. Ebenso ist das Verstehbare Gegenüber und Gegenstand der Vernunft.

Wir nennen das Wahrheit, was uns Gegenüber und Gegenstand ist. Weil du, mein Gott, die verstehbare Wahrheit bist, kann die geschaffene Vernunft mit Dir vereint werden. So sehe ich, daß die verständige menschliche Natur Deiner erkennbaren und liebenswerten göttlichen Natur so eng vereint werden kann, daß ein Mensch, der Dich, den empfänglichen Gott, aufnimmt, in eine Verbindung eingeht, die wegen ihrer Innigkeit den Namen Kindschaft erlangen kann. Wir kennen ja keine engere Verbindung als die der Kindschaft. Wenn diese vereinigende Verknüpfung die engste ist, über die hinaus es keine größere mehr gibt, so folgt notwendigerweise, daß jene Sohnschaft – wenn Du, der liebenswerte Gott, vom Menschen nicht mehr stärker geliebt werden kannst; wenn jene Verknüpfung zur vollkommenen Kindschaft gelangt – die Vollendung ist, welche alle mögliche Kindschaft in sich einfaltet, und durch welche alle Kinder die höchste Seligkeit und Vollendung erreichen. In diesem höchsten Sohn ist die Kindschaft wie die Kunst im Meister oder das Licht in der Sonne. In den anderen aber ist sie wie die Kunst in den Schülern oder das Licht in den Sternen.

XIX

Jesus ist Einung von Gott und Mensch

Unsagbarer Dank sei Dir Gott, Leben und Licht meiner Seele. Von hier aus sehe ich nämlich jetzt den Glauben, den die katholische Kirche durch die Offenbarung der Apostel bewahrt: daß Du, liebender Gott, aus Dir den liebenswerten Gott zeugst, und daß Du, gezeugter und liebenswerter Gott, der absolute Vermittler bist. Durch Dich nämlich ist alles, was ist und was sein kann. Du wollender oder liebender Gott schließt nämlich in Dir, dem liebenswerten Gott, alles ein. Denn alles, was Du, o Gott, willst oder entwirfst, ist in Dir, dem liebenswerten Gott, eingefaltet. Nichts kann sein, es sei denn Du willst, daß es sei. In Deinem liebenswerten Gedanken hat alles den Grund und die Ursache seines Seins; noch gibt es einen anderen Grund für alle Dinge als den, daß es Dir so gefällt. Dem Liebenden als Liebenden gefällt nur das Liebenswerte.

Du, liebenswerter Gott, bist der Sohn des liebenden Gottes, des Vaters. In Dir ist alles Wohlgefallen des Vaters beschlossen. Und darum ist alles erschaffbare Sein in Dir, dem liebenswerten Gott, eingefaltet. Weil aus Dir, liebender Gott, der liebenswerte Gott wie der

Sohn aus dem Vater ist, bist Du dadurch, daß Du der liebende Gott und Vater Deines liebenswerten Gott-Sohnes bist, der Vater aller Dinge, die sind. Dein Entwurf ist der Sohn und alles ist in ihm. Die Einung von Dir und Deinem Gedanken-Entwurf ist die wirkende Wirklichkeit und die aus ihr entstehende Tätigkeit, in der alle Wirklichkeit und alle Entfaltung ist. Wie aus Dir, dem liebenden Gott, der liebenswerte Gott gezeugt wird – welche Zeugung Entwerfen bedeutet –, so geht aus Dir, dem liebenden Gott und dem von Dir gezeugten liebenswerten Entwurf, Deine Wirklichkeit und Dein Entwurf hervor; und dies ist die verknüpfende Verknüpfung, der Gott, der Dich und Deinen Gedanken so eint wie das Lieben den Liebenden und das Liebenswerte in der Liebe. Und diese Verknüpfung wird Geist genannt. Der Geist ist gleichsam eine Bewegung, die von einem Bewegenden und einem Beweglichen ausgeht. Daher ist Bewegung die Entfaltung des Gedankens vom Bewegenden. Alles wird in Dir, Gott heiliger Geist, entfaltet, so wie es in Dir, Gott-Sohn, entworfen wird. Da Du mich so erleuchtest, o Gott, sehe ich, daß und wie alles in Dir, Gott-Sohn Gottes des Vaters, enthalten ist als im Wesenssinn, Entwurf, Grund oder Urbild und daß der Sohn die Vermittlung von allem ist, da er der Wesenssinn ist. Durch die Vermittlung von Wesensgrund und Weisheit bewirkst Du, Gott Vater, alles. Und der Geist oder die Bewegung bringt den Entwurf des Wesensgrundes zur Ausführung; so wie wir erfahren, daß die Truhe im Geist des Künstlers durch die Vermittlung der bewegenden Kraft, welche in seinen Händen liegt, zur Ausführung kommt.

Weiters sehe ich, mein Gott, daß Dein Sohn Mittel und Vermittlung der Einung von allem ist, so daß alles durch die Vermittlung Deines Sohnes in Dir zur Ruhe kommt. Und ich sehe, daß Jesus, der hochgelobte Menschensohn, aufs höchste Deinem Sohn geeint ist, und daß der Menschensohn mit Dir, Gott dem Vater, nur vereint werden konnte durch die Vermittlung Deines Sohnes, des absoluten Mittlers.

Wer würde nicht zutiefst bewegt, wenn er dies mit ganzer Aufmerksamkeit betrachtet? Du, mein Gott, offenbarst mir Armem solch verborgenes Geheimnis, so daß ich schaue, daß der Mensch Dich, den Vater, nicht erkennen kann außer in Deinem Sohn, der erkennbar ist und Mittler. Dich erkennen aber bedeutet mit Dir geeint werden. Darum kann der Mensch durch Deinen Sohn mit Dir geeint werden, der das Mittel der Einung ist. Und die menschliche Natur, die Dir am tiefsten geeint ist, vermag – in welchem Menschen dies auch geschehen mag – durch kein Mittel weiter geeint zu werden als sie ist. Denn ohne die Vermittlung kann sie nicht mit Dir geeint werden. Durch die Vermittlung wird sie also aufs engste geeint, doch sie wird nicht selbst die Vermittlung.

Obwohl sie also nicht die Vermittlung werden kann, da sie ohne Vermittlung eben nicht mit Dir geeint werden kann, wird sie doch durch die absolute Vermittlung so verbunden, daß zwischen ihr und Deinem Sohn, der diese absolute Vermittlung ist, nichts zu vermitteln vermag. Könnte nämlich zwischen der menschlichen Natur und der absoluten Vermittlung noch etwas vermitteln, dann wäre die menschliche Natur Dir nicht aufs innigste geeint.

O guter Jesus, in Dir sehe ich die menschliche Natur durch die allertiefste Verbindung am tiefsten dem Vater verbunden; in dieser ist sie Gott dem Sohn, dem absoluten Mittler verbunden. In Dir, Jesus, ist die menschliche Sohnschaft – Du bist ja der Menschensohn – der göttlichen Sohnschaft ganz tief geeint, so daß Du mit Recht Sohn Gottes und des Menschen genannt wirst, da in Dir zwischen dem Sohn des Menschen und dem Sohn Gottes nichts vermittelt.

In der absoluten Sohnschaft, die der Sohn Gottes selbst ist, ist jede Sohnschaft eingefaltet; dieser ist Deine menschliche Kindschaft, o Jesus, in höchstem Maß geeint. Deine menschliche Kindschaft besteht also in der göttlichen nicht nur in eingefalteter Weise, sondern wie ein Angezogenes im Anziehenden, ein Geeintes im Einenden und etwas, dem Bestand verliehen ist in dem, was ihn verleiht. Eine Trennung des Menschensohnes vom Gottessohn ist also in Dir, Jesus, nicht möglich. Die Möglichkeit der Trennung kommt nur daher, daß eine Einung inniger gewesen sein könnte. Dort aber, wo die Einung nicht enger sein kann, vermag nichts zu vermitteln. Darum hat die Trennung da keinen Platz, wo zwischen dem Vereinten nichts mehr vermitteln kann. Dort hingegen, wo das Geeinte nicht im Einenden seinen Bestand hat, ist die Einung nicht die höchste. Denn jene Einung, bei der das Geeinte im Einenden besteht, ist größer als jene, wo das Geeinte getrennt besteht. Die Trennung nämlich ist Abrücken von der größten Einung. So sehe ich in Dir, mein Jesus, wie die menschliche Sohnschaft, durch welche Du der Menschensohn bist, in der göttlichen Sohnschaft, durch die Du der Sohn Gottes bist, so grundbesteht, wie das Geeinte im Einenden in der größten Einung. Dir, o Gott, sei Ehre in Ewigkeit.

XX

Jesus als Verbindung der göttlichen und menschlichen Natur

Du zeigst mir, nie erlöschendes Licht, daß die größte Einung, durch welche die menschliche Natur in meinem Jesus Deiner göttlichen Natur geeint ist, in keiner Weise der unendlichen Einung ähnlich ist.

Die Einung, durch die Du, Gott Vater, Gott Deinem Sohn, geeint bist, ist Gott der heilige Geist. Darum ist es eine unendliche Einung. Sie greift aus zur absoluten und wesenhaften Selbigkeit.

Wo aber die menschliche Natur mit der göttlichen geeint wird, verhält es sich nicht so. Denn die menschliche Natur vermag nicht in eine wesenhafte Einung mit der göttlichen überzugehen, so wie das Endliche dem Unendlichen nicht in unendlicher Weise geeint werden kann. Dann nämlich würde es in Selbigkeit mit dem Unendlichen übergehen und auf diese Weise aufhören Endliches zu sein, da es als Unendliches von diesem Wahrheit erhielte. Darum ist die Einung, in der die menschliche Natur der göttlichen geeint ist, nichts anderes als der höchste Grad der Anziehung der menschlichen Natur an die göttliche; dies in einer Weise, daß die menschliche Natur als solche nicht weiter angezogen werden kann. Die Einung seiner menschlichen Natur als menschliche mit der göttlichen ist darum die größte, da sie nicht größer sein kann. Aber sie ist nicht schlechthin die größte und unendliche, wie es die göttliche ist.

Durch Deine Huld und Gnade sehe ich in Dir Jesus, dem Sohn des Menschen, den Sohn Gottes und in Dir, dem Sohn Gott, Deinen Vater. In Dir als dem Sohn des Menschen sehe ich den Sohn Gottes, weil Du so der Sohn des Menschen bist, daß Du auch der Sohn Gottes bist. Und in der angezogenen endlichen Natur sehe ich die Dich anziehende unendliche Natur. Im absoluten Sohn sehe ich den absoluten Vater. Der Sohn vermag nämlich nicht als Sohn gesehen zu werden, wenn nicht der Vater gesehen wird.

Ich sehe in Dir, Jesus, die göttliche Kindschaft, welche die Wahrheit jeder Kindschaft ist. Zugleich sehe ich die höchste menschliche Kindschaft, welche das nächste und genaueste Abbild der absoluten Kindschaft ist. So also wie ein Abbild, das zwischen sich und dem Urbild kein vollkommeneres Abbild mehr zuläßt, am angemessensten in der Wahrheit, deren Abbild es ist, Grundbestand hat – so sehe ich –, hat Deine menschliche Natur in der göttlichen Natur Bestand. Ich sehe daher alles in Deiner menschlichen Natur, was ich auch in der göttlichen sehe; doch sehe ich, daß in der menschlichen Natur das in menschlicher Weise ist, was in der göttlichen die göttliche Wahrheit selbst ist. Was ich in Dir, Jesus, auf menschliche Weise sehe, ist Ähnlichkeit und Abbild der göttlichen Natur. Aber dieses Abbild ist ohne Vermittlung dem Urbild in der Weise verknüpft, daß es weder ähnlicher sein noch gedacht werden kann.

Ich sehe, daß in der menschlichen oder verständigen Natur der verständige, menschliche Geist dem göttlichen Geist, welcher der absolute Verstand ist, ganz eng verbunden ist, und daß ebenso die menschliche Vernunft und überhaupt alles in Deiner Vernunft, o Jesus, mit der göttlichen geeint ist.

Als Gott erkennst Du, o Jesus, alles, und dieses Erkennen ist Alles-Sein. Du erkennst alles als Mensch, und dieses Erkennen bedeutet Ähnlichkeit-von-allem Sein. Der Mensch erkennt ein Ding nur in Ähnlichkeit. Ein Stein ist im menschlichen Denken nicht als in seinem eigentlichen Grund und Wesenssinn, sondern in Eigengestalt und Ähnlichkeit. In Dir, Jesus, ist das menschliche Erkennen mit dem göttlichen so geeint, wie das vollkommene Abbild der Wahrheit seines Urbildes. Betrachten wir z. B. die Idee und Form einer Truhe im Geist des Künstlers und die Eigengestalt der vollkommensten Truhe, die derselbe Meister der Idee entsprechend gebildet hat, dann sehen wir, wie die Idealgestalt die Wahrheit der Eigengestalt ist und dieser als der Wahrheit des Abbildes in dem einen Meister verbunden ist. Genauso sehe ich, ist in Dir, Jesus, dem Meister aller Meister, die absolute Idee aller Dinge und ihre Ähnlichkeitsgestalt zugleich in höchster Weise geeint.

Ich sehe Dich, guter Jesus, innerhalb der Mauer des Paradieses, weil Deine Vernunft zugleich Wahrheit und Abbild ist. Du bist zugleich Gott und Geschöpf, unendlich und endlich, und es ist nicht möglich, Dich diesseits der Mauer zu sehen. Du bist die Verbindung der göttlichen Schöpfernatur und der menschlichen Geschöpfnatur.

Folgenden Unterschied aber sehe ich zwischen Deiner menschlichen Vernunft und der jedes anderen Menschen: Kein anderer Mensch weiß alles, was ein Mensch wissen kann, weil jedes Menschen Vernunft dem Urbild aller Dinge so verbunden ist wie das Abbild der Wahrheit, und nicht so, daß sie ihm nicht noch enger verbunden werden und noch mehr in Wirklichkeit versetzt werden könnte. Darum erkennt sie nicht soviel, daß sie nicht noch mehr erkennen könnte, wenn sie sich dem Urbild der Dinge näherte, von dem das Wirkliche alle Wirklichkeit hat.

Deine Vernunft hingegen erkennt tatsächlich alles, was der Mensch erkennen kann, weil in Dir die menschliche Natur ganz vollkommen und ihrem Urbild gänzlich verbunden ist. In Folge dieser Einung übertrifft Deine menschliche Vernunft jede geschaffene Vernunft in der Vollkommenheit ihres Erkennens. Alle vernunfthaften Geister stehen weit unter Dir. Du, o Jesus, bist ihrer aller Meister und ihr Licht. Du bist die Vollkommenheit und Fülle aller und durch Dich als den Mittler gelangen sie zur absoluten Wahrheit. Du bist zugleich der Weg zur Wahrheit und die Wahrheit selbst. Du bist zugleich der Weg zum Leben der Vernunft und das Leben selbst. Du bist zugleich der Duft der Freuden-Speise und ihr beseligender Geschmack. Sei stets gepriesen, süßester Jesus!

XXI

Ohne Jesus ist keine Seligkeit möglich

Jesus, Du Ziel des Gesamt, in dem als in seiner letzten Vollendung jedes Geschöpf ruht, Du bist allen Weisen dieser Welt gänzlich unbekannt. Denn wir versichern von Dir, daß die Gegensätze völlig wahr sind, bist Du doch zugleich Schöpfer und Geschöpf, Anziehendes und Angezogenes, endlich und unendlich. Jene behaupten, daß es Torheit sei, dies für möglich zu halten. Sie fliehen darum Deinen Namen und nehmen Dein Licht, mit dem Du uns erleuchtet hast, nicht auf. Doch obwohl sie sich für weise halten, bleiben sie töricht, unwissend und blind in Ewigkeit. Würden sie glauben, daß Du, Christus, Gott und Mensch bist, und würden sie die Worte des Evangeliums als die eines so großen Meisters aufnehmen und bedenken, dann würden sie schließlich in voller Klarheit erkennen, daß im Vergleich zu dem Licht, welches in der Einfachheit Deiner Worte verborgen ist, alles übrige dichteste Finsternis und Unwissenheit ist.

Nur die gläubigen Kleinen erreichen diese gnadenvolle und belebende Offenbarung. In Deinem hochheiligen Evangelium, der Himmelsspeise, ist wie im Manna alle ersehnte Süßigkeit verborgen, und nur der, welcher glaubt und sie aufnimmt, kann sie kosten. Wer glaubt und empfängt, erfährt als volle Wahrheit, daß Du vom Himmel herabgestiegen bist und der einzige Lehrer der Wahrheit bist.

O guter Jesus, Du bist der Baum des Lebens im Paradies alles Entzückens. Niemand vermag mit ersehnenswertem Leben genährt zu werden, es sei denn durch Deine Frucht. Du, Jesus, bist die Speise, die allen Söhnen Adams verwehrt ist, die, aus dem Paradies vertrieben, von der Erde zu leben suchen, die sie bebauen. Jeder, der hofft, im Paradies des Entzückens die Speise des Lebens zu essen, muß den alten Menschen des Hochmutes ablegen und den neuen Menschen der Demut anziehen, der nach Dir gebildet ist. Die Natur des alten und des neuen Adam ist dieselbe. Im alten jedoch ist sie tierhaft, in Dir, dem neuen Adam, ist sie geistig, da sie in Dir, o Jesus, mit Gott vereint ist, der Geist ist. So wie jeder Mensch mittels der ihm und Dir gemeinsamen menschlichen Natur mit Dir, o Jesus, geeint ist, so muß er auch durch den einen Geist mit Dir verbunden sein, auf daß er so in der Natur, die er mit Dir gemeinsam hat, zu Gott, dem Vater gelangen kann, der im Paradiese weilt.

Gott den Vater und Dich, Jesus, seinen Sohn zu sehen, bedeutet im Paradiese zu sein und in der ewigen Herrlichkeit. Wer außerhalb des Paradieses steht, vermag eine solche Schau nicht zu haben, da weder Gott, der Vater, noch Du, Jesus, außerhalb des Paradieses zu finden bist. Jeder Mensch, der Dir, o Jesus, wie ein Glied mit dem Haupt geeint ist, hat die Seligkeit erreicht. Niemand vermag zum Vater zu gelangen, wenn er nicht vom Vater angezogen ist. Durch seinen Sohn zog der Vater Deine Menschheit, o Jesus, zu sich heran und durch Dich, Jesus, zieht der Vater alle Menschen an sich. So wie Deine Menschheit, Jesus, mit dem Sohn Gottes des Vaters geeint ist als mit einem Mittel, durch das der Vater sie an sich zieht, so ist die Menschheit jedes einzelnen Menschen mit Dir, Jesus, als mit dem einzigen Mittel, durch welches der Vater alle Menschen an sich zieht, geeint.

Du bist es, o Jesus, ohne den es unmöglich ist, irgendwelche Glückseligkeit zu erreichen. Du bist die Offenbarung des Vaters. Der Vater ist allen Menschen unsichtbar. Nur Dir, dem Sohn ist er sichtbar und nach Dir dem, welcher durch Dich und Deine Offenbarung gewürdigt wird, ihn zu sehen.

Du bist es, der jeden Seligen eint, und jeder Selige hat in Dir wie das Geeinte im Einenden seinen Grundbestand. Keiner der Weisen dieser Welt vermag die wahre Seligkeit zu fassen, solange er Dich nicht kennt. Kein Seliger vermag den Vater zu sehen, es sei denn, mit Dir im Paradies. In bezug auf den Seligen werden – ebenso wie im Hinblick auf Dich – die einander ausschließenden Gegensätze bewahrheitet, da er mit Dir in der verständigen Natur und dem einen Geist geeint ist. Jeder selige Geist hat in Dir wie der Belebte im Belebenden Grundbestand. Jeder selige Geist sieht den unsichtbaren Gott; er wird in Dir, Jesus, mit dem unnahbaren und unsterblichen Gott geeint. Und so wird in Dir das Endliche mit dem Unendlichen und Unvereinbaren geeint. Der Unfaßbare wird in ewigem Genuß erfaßt, der nichts anderes als das überschwengliche und unaufhörliche Glück ist.

Erbarme Dich, Jesus, erbarme Dich und gewähre mir, Dich unverhüllt zu schauen; dann wird meine Seele gerettet und geheiligt sein.

XXII

Jesu Sehen und Tun

Das Auge des Geistes kann nicht satt werden, Dich, o Jesus, zu betrachten, denn Du bist die Erfüllung aller geistigen Schönheit. In diesem Bild nun stelle ich Mutmaßungen an über Deinen wunderbaren und überwältigenden Blick, hochgepriesener Jesus. Als Du, o Jesus, in dieser sinnlich-sichtbaren Welt wandeltest, gebrauchtest Du körperliche Augen, die den unseren gleich sind. Mit ihnen sahst Du nicht anders als wir Menschen, eines nach dem andern. In Deinen Augen war nämlich ein bestimmter Geist, der gleich der sinnlichen Seele im Körper des Lebewesens die Gestalt des Organs war. In diesem Geist war eine edle Unterscheidungskraft, mittels derer Du, o Herr, deutlich und unterschieden sahst, daß ein Ding diese Farbe hat und ein anderes eine andere; ferner warst Du, auf Grund von Gesichtsausdruck und dem Bilde der Augen urteilend, ein wahrer Richter der Leidenschaften der Seele, des Zorns, der Freude und der Trauer. Gründlichst erfaßtest Du aus wenigen Zeichen das, was in der Seele der Menschen verborgen war. Denn der Geist begreift ja nichts, das nicht im Gesicht und vor allem in den Augen, den Boten der Seele, zeichenhaft sichtbar würde.

Viel wahrer als irgend ein geschaffener Geist berührtest Du durch diese Zeichen die inneren Tiefen der Seele. Aus dem geringsten Zeichen sahst Du den Gesamt-Entwurf des Menschen; so wie intelligente Menschen auf Grund weniger Worte eine ganze lange Rede vorhersehen können, die im Voraus entworfen wurde und dargelegt werden soll; und wie Menschen – die darin gut geübt sind – ihre Augen nur kurz in ein Buch werfen und die Absicht des Verfassers wiedergeben, so als ob sie es ganz gelesen hätten.

In dieser Art der Schau hast Du, o Jesus, alle Vollkommenheit, Schnelligkeit und Scharfsinnigkeit aller vergangenen, gegenwärtigen und zukünftigen Menschen übertroffen. Und doch war es eine menschliche Schau, die ohne das körperliche Auge nicht zu vollziehen gewesen wäre. Gleichwohl war sie erstaunlich und bewundernswürdig. Manchmal findet man Menschen, die durch lange und sorgfältige Erwägung die Geistigkeit eines Schreibenden aus neugebildeten Schriftzügen und zuvor noch nicht gesehenen Zeichen ablesen. Du aber, Jesus, sahst alles unter jedem Zeichen und jeder Figur. Wenn man manchmal von einem Menschen liest, der die Gedanken eines Menschen, der ihn etwas fragt, aus irgendwelchen Anzeichen des Auges, auch wenn er nur eine Melodie im Geiste singt, deutet, so hast Du, Jesus, demgegenüber aus jeder Regung der Augen besser als alle Menschen jeden Gedanken erfaßt.

Ich selbst habe einmal eine taube Frau gesehen, die, wenn sie auf die Bewegung der Lippen ihrer Tochter schaute, alles so verstand, als ob sie es gehört hätte. Wenn so etwas durch lange Gewöhnung bei Tauben, Stummen und auch bei Ordensleuten möglich ist, die allein durch Zeichen miteinander sprechen, dann hast Du, o Jesus, der Du alles Wißbare tatsächlich gewußt hast – Du der Meister aller Meister –, aus den geringsten und unscheinbarsten Zeichen und Veränderungen ein wahres Urteil über das Herz des betreffenden Menschen und seine Gedanken gebildet.

Diesem Deinem vollkommenen menschlichen Schauen, das indes endlich und zu einem Organ verschränkt war, war die absolute und unendliche Schau geeint, durch welche Du – als Gott – alles zugleich und einzeln sahst, das Abwesende wie das Gegenwärtige, das Vergangene wie das Zukünftige. Mit dem menschlichen Auge, o Jesus, sahst Du die sichtbaren Akzidentien, mit der göttlichen und absoluten Schau hingegen den Grundbestand der Dinge. Kein im Fleisch wandelnder Mensch außer Dir, o Jesus, hat je den Grundbestand oder die Washeit der Dinge gesehen. Du allein sahst in voller Wahrheit die Seele und den Geist und was immer im Menschen war. Denn so, wie im Menschen die erkennende Kraft der lebendigen Sehkraft geeint ist, so daß der Mensch nicht nur als Lebewesen sieht, sondern auch als Mensch unterscheidet und urteilt, so ist das absolute Sehen in Dir, Jesus, mit der menschlichen Erkenntniskraft geeint, welche das Unterscheidungsvermögen im lebendigen Schauen darstellt. Die Sehkraft des Lebewesens besteht im Menschen nicht in sich, sondern in der verständigen Seele als der Gestalt des

Ganzen. Ebenso hat die vernunfthafte Sehkraft in Dir, Jesus, nicht in sich selbst, sondern in der absoluten Sehkraft Grundbestand.

O wie wunderbar ist Dein Sehen, süßester Jesus! Manchmal geschieht es, daß wir einen Vorübergehenden wohl mit dem Auge erfassen; weil wir jedoch nicht darauf geachtet haben zu erkennen, wer es sei, wissen wir, wenn man uns fragt, daß jemand vorübergegangen ist; wir wissen jedoch nicht seinen Namen, auch wenn es ein Bekannter war. Wir haben ihn der beseelten Kraft nach gesehen, nicht jedoch in menschlicher Art, weil wir unsere Unterscheidungskraft nicht angewendet haben. Daraus machen wir die Erfahrung, daß die Naturen der Kräfte, auch wenn sie in der einen Gestalt des Menschen vereint sind, doch verschieden sind und in verschiedener Weise wirksam werden. So sehe ich in Dir, dem einen Jesus, in ähnlicher Weise die menschliche vernunfthafte Natur mit der göttlichen Natur vereint und erkenne, daß Du gleichermaßen als Mensch Großes getan und als Gott weit über jeden Menschen hinaus Wunderbares gewirkt hast. Gütigster Jesus, ich sehe, daß die vernunfthafte Natur im Verhältnis zur sinnlichen Natur absolut und nicht – wie diese – begrenzt und an ein Organ gebunden ist, so wie z. B. die sinnliche Sehkraft an das Auge. Die göttliche Kraft ist über jedes Verhältnis hinaus absoluter als die Kraft der Vernunft. Denn die menschliche Vernunft bedarf, um in Tätigkeit gesetzt zu werden, Phantasievorstellungen und diese vermag man ohne Sinne nicht zu haben. Die Sinne wiederum bestehen nicht ohne Körper. Deshalb ist die Kraft der menschlichen Vernunft gering und erschränkt und auf jene angewiesen. Die göttliche Vernunft hingegen ist die Notwendigkeit selbst, die weder von etwas abhängt, noch etwas bedarf. Vielmehr bedarf alles ihrer und vermag nicht ohne sie zu sein.

Man beachte sehr genau, daß und wie die abwägende Kraft, die sich im Verstandesdenken bewegt und sucht, eine andere ist und wieder eine andere diejenige, welche urteilt und nochmals eine andere diejenige, die erkennt. Wir sehen, wie ein Hund herumläuft, seinen Herrn sucht, ihn erkennt und seinen Ruf hört. Dieser Lauf liegt in der Natur des Tier-Seins und entspricht der eigengestaltlichen Vollkommenheit der Hunde. Es gibt andere Tiere, bei denen sich dieses laufende Suchen noch besser findet, da ihre Eigengestalt vollkommener ist. Beim Menschen kommt dieses ganz nahe an die geistige Erkenntniskraft heran, sodaß es den Gipfel sinnlicher Vollkommenheit darstellt. Diese Bewegung nimmt unzählig viele Stufen unterhalb der geistigen Erkenntnis ein, wie uns dies die einzelnen Arten der Lebewesen zeigen. Es gibt ja keine Art, der nicht ein ihr eigentümlicher Grad der Vollkommenheit zuteil wurde.

Jede dieser Stufen hat eine bestimmte Weite und wir sehen, daß die Einzelwesen einer bestimmten Eigengestalt innerhalb dieser Weite verschieden an der Eigengestalt teilhaben. Wie daher in der vernunfthaften alle Stufen sinnlicher Vollkommenheit eingefaltet sind, so in der göttlichen alle Stufen der vernunfthaften, der sinnlichen und aller anderen Eigengestalten. So sehe ich in Dir, mein Jesus, alle Vollkommenheit.

Da Du der vollkommenste Mensch bist, sehe ich, daß in Dir die Vernunft mit der Verstandeskraft oder der diskursiven Kraft, welche die äußerste Vollendung der sinnlichen darstellt, vereint ist. Und ebenso sehe ich die Vernunft im Verstand gleichsam wie an ihrem Platz – so wie das Im-Raum-Seiende im Raum ist; wie eine Kerze in einem Zimmer das Zimmer, alle Wände und das ganze Haus erleuchtet, jedoch dem Grad der Entfernung entsprechend mehr oder weniger.

Ich sehe ferner, daß die Vernunft in ihrer letzten Vollendung mit dem göttlichen Wort vereint ist, und daß die Vernunft selbst der Ort ist, in dem das Wort empfangen wird; genauso, wie wir in uns erfahren, daß die Vernunft der Ort ist, wo das Wort eines Meisters aufgenommen wird – so wie wenn sich das Licht der Sonne der erwähnten Kerze verbindet. Denn das Wort Gottes erleuchtet die Vernunft so wie das Licht der Sonne diese Welt. In Dir, meinem Jesus, sehe ich das sinnliche Leben durch das vernunfthafte Licht erleuchtet. Das vernunfthafte Leben sehe ich als erleuchtendes und zugleich erleuchtetes Licht und das göttliche Leben nur als erleuchtendes Licht allein. Denn ich sehe die Quelle des Lichtes in jenem vernunfthaften Licht, dem Wort Gottes, welches die Wahrheit ist, die jede Vernunft erleuchtet. Du allein bist der Höchste von allen Geschöpfen, da Du so Geschöpf bist, daß Du zugleich auch der Schöpfer bist, gepriesen sei er.

XXIII

Der gestorbene Jesus verharrte in Einung mit dem Leben

O Jesus, Du köstlichste Nahrung des Geistes, wann immer ich Dich innerhalb der Mauer des Paradieses betrachte, trittst Du mir bewundernswürdig entgegen. Du bist das menschgewordene Wort Gottes und der gottgewordene Mensch. Dennoch bist Du nicht aus Gott und Mensch zusammengesetzt. Zwischen den Teilen einer Zusammensetzung ist ein bestimmtes Verhältnis nötig, ohne das es eine Zusammensetzung nicht geben kann. Das Endliche hat zum Unendlichen kein Verhältnis. Du bist aber auch nicht der Zusammenfall von Geschöpf und Schöpfer auf eine Weise, in der durch den Zusammenfall das eine das andere wird. Die menschliche Natur ist ja nicht göttlich oder umgekehrt. Die göttliche Natur kann nicht zu einer anderen Natur verwandelt oder verändert werden, denn sie ist die Ewigkeit selbst. Es geht auch nicht die eine Natur wegen der Vereinigung mit der göttlichen in eine andere über; so wie es der Fall ist, wenn das Abbild mit seiner Wahrheit vereint wird. Man kann ja dann nicht sagen, daß dieses sich ändert, sondern eher, daß das Bild von der Andersheit abläßt, da es mit seiner eigentlichen Wahrheit vereint wird, welches die Unveränderlichkeit selbst ist.

Auch kann man Dich, süßester Jesus, nicht eine mittlere Natur zwischen der göttlichen und der menschlichen nennen, da zwischen diese keine mittlere Natur gesetzt zu werden vermag, die an beiden teilhätte. Die göttliche Natur ist nämlich nicht partizipierbar, weil sie die in vollkommen absoluter Weise einfachste ist. Auch bist Du nicht, viel gepriesener Jesus, entweder Gott oder Mensch. Ich sehe Dich vielmehr, Herr Jesus, über jeder Vernunft als die eine grundgelegte Voraussetzung, da Du der eine Christus bist; in derselben Weise, wie ich Deine eine menschliche Seele sehe. In ihr war, so sehe ich, wie in der Seele jedes beliebigen Menschen eine vergängliche sinnliche Natur, welche in der unvergänglichen vernunfthaften Natur ihren Grundbestand hat. Doch diese Seele war nicht aus Vergänglichem und Unvergänglichem zusammengesetzt und das Sinnliche fiel nicht mit dem Vernunfthaften zusammen. Ich sehe vielmehr, daß die vernunfthafte Seele dem Körper durch die sinnliche Kraft, welche den Körper lebendig macht, geeint wird.

Wenn die vernunfthafte Seele aufhörte, den Körper lebendig zu machen, ohne von ihm getrennt zu werden, dann wäre der betreffende Mensch dennoch gestorben, weil das Leben aufhörte. Der Körper wäre aber nicht vom Leben getrennt, da die Vernunft sein Leben ist. Es wäre wie bei einem Menschen, der gespannt versucht, mittels seines Sehens einen Herankommenden zu erkennen und plötzlich von anderen Überlegungen abgelenkt von diesem Forschen abläßt, wiewohl seine Augen weiterhin auf jenen gerichtet sind. In diesem Fall ist das Auge nicht von der Seele getrennt, wenn auch von der unterscheidenden Aufmerksamkeit. Hätte jener geistig abgelenkte Mensch nicht nur von der unterscheidenden Belebung, sondern auch von der sinnlichen Belebung abgelassen, dann wäre sein Auge tot, weil es nicht belebt würde. Deshalb wäre es aber trotzdem nicht von der vernunfthaften Gestalt abgetrennt, welche das Sein verleiht; wie auch eine verdorrte Hand mit der Form vereint bleibt, welche den ganzen Körper eint.

Es gibt, wie der heilige Augustinus berichtet, Menschen, welchen die Fähigkeit eigen ist, den belebenden Geist zurückzuziehen und tot und empfindungslos zu erscheinen. In diesem Fall bleibt die vernunfthafte Natur mit dem Körper vereint, der nicht unter einer anderen Form erscheint als früher; er hat dieselbe Form und bleibt derselbe Körper. Mir scheint, daß ein solcher Mensch wahrhaftig gestorben ist, denn ihm fehlt das belebende Leben, und der Tod ist eben das Fehlen des Belebenden. Trotzdem wäre dieser gestorbene Körper nicht von seinem Leben, das seine Seele ist, getrennt.

Auf diese Weise, gütigster Jesus, schaue ich, daß das absolute Leben, das Gott ist, mit Deiner menschlichen Vernunft und mittels derer mit Deinem Körper untrennbar geeint ist. Dies ist eine solche Einung, daß sie nicht größer sein kann. Eine trennbare Einung ist darum viel geringer als diese größte mögliche. Es war also niemals, noch wird es jemals wahr sein, daß Deine göttliche Natur von der menschlichen getrennt war. Darum war sie auch weder von der Seele, noch vom Körper getrennt, die das sind, ohne welches die menschliche Natur nicht sein kann. Hingegen ist es vollkommen wahr, daß Deine Seele aufgehört hat, den Körper zu beleben, und Du wahrhaftig den Tod erduldet hast; doch niemals warst Du von der Wahrheit des Lebens abgetrennt.

Wenn schon dieser von Augustinus erwähnte Priester irgendwie die Fähigkeit hatte, seinem Körper die Belebung zu entziehen und sie in seine Seele hineinzuziehen – so als wäre eine Kerze, welche ein Zimmer beleuchtet, lebendig und zöge ihre Strahlen, mit denen sie das Zimmer beleuchtet, zum Mittelpunkt ihres Lichtes, ohne aber selbst von dem Zimmer getrennt zu werden; – dieses Ansichziehen ist nichts anderes als ein Aufhören des Ausströmenlassens – was ist dann erstaunlich daran, daß Du, o Jesus, der Du das lebendigste und freieste Licht bist, die Mächtigkeit hattest, die belebende Seele gleichsam zu geben und zu nehmen? Als Du sie ablegen wolltest, erlittest Du den Tod, und als Du gewillt warst, sie wieder zu nehmen, erstandest Du aus eigener Kraft.

Die vernunfthafte Natur wird menschliche Seele genannt, weil sie den Körper belebt und beseelt. Man sagt, «die Seele wird hinweggenommen», wenn der vernunfthafte Geist aufhört zu beleben. Wenn die Vernunft diese Tätigkeit des Belebens beendet und sich vom Körper trennt, so ist sie deshalb doch noch nicht schlechthin von diesem getrennt. Dies gibst Du mir ein, o Jesus, um Dich mir, dem Unwürdigsten zu zeigen, soweit ich es zu fassen vermag. In Dir soll ich betrachten, daß die sterbliche menschliche Natur die

Unsterblichkeit angezogen hat, so daß alle Menschen, denen dieselbe menschliche Natur eigen ist, in Dir die Auferstehung und das göttliche Leben erlangen können.

Was ist süßer und willkommener als diese Erkenntnis, da wir in Dir, o Jesus, alles finden, das zu unserer Natur gehört; der Du allein alles vermagst, überreich schenkst und nicht zurückweist. O unaussprechliche Liebe und Erbarmen! Du, o Gott, der Du die Güte selbst bist, konntest Deiner unendlichen Milde und Großmut nur genugtun, indem Du Dich selbst uns schenktest, und dies konnte in keiner besseren Weise geschehen, als daß Du unsere Natur annahmst, da wir der Deinen nicht näher kommen konnten. So kamst Du zu uns und wurdest Jesus genannt, der ewig gepriesene Erlöser.

XXIV

Jesus ist das Wort des Lebens

Durch Dein großes und herrliches Geschenk betrachte ich Dich, mein Jesus, wie Du die Worte des Lebens verkündest, und den göttlichen Samen reichlich in die Herzen der Hörer säst. Ich sehe, daß jene fortgehen, die nicht aufgenommen haben, was des Geistes ist; daß aber jene Jünger bleiben, welche schon begonnen haben, die Süßigkeit Deiner seelenbelebenden Lehre zu kosten. Für alle diese bekannte der erste und oberste der Apostel, Petrus, daß Du, Jesus, Worte des Lebens hast, und verwunderte sich, wie solche, die das Leben suchen, Dich verlassen können. Paulus in seiner Entrückung hörte von Dir Worte des Lebens; von da an konnte weder Verfolgung, noch Schwert, noch leiblicher Hunger ihn von Dir trennen. Niemand, der die Worte des Lebens gekostet hat, vermag Dich je zu verlassen. Wer kann einen Bären vom Honig abbringen, nachdem er dessen Süßigkeit gekostet hat?

Wie groß und weit über jede körperliche Süße hinaus ist die Süßigkeit der Wahrheit, die ergötzlichstes Leben gewährt. Denn die absolute Süßigkeit ist es, der alles entströmt, was in jedem Wohlgeschmack erstrebt wird. Was ist stärker als die Liebe, aus der alles

Liebenswerte das hat, um dessentwillen es geliebt wird? Wenn schon die Verknüpfung der verschränkten Liebe so ist, daß Todesfurcht sie nicht zu zerreißen vermag, wie gewaltig ist dann erst die Verknüpfung mit jener Liebe – sofern wir sie gekostet haben – von der alle Liebe stammt? Es erstaunt mich nicht, daß manche Deiner Streiter, o Jesus, denen Du Dich als Leben zuvor dargeboten hast, die grausamsten Strafen nicht geachtet haben.

O Jesus, meine Liebe, Du hast den Samen des Lebens in den Acker der Gläubigen ausgesät, und mit dem Zeugnis des Blutes begossen. Durch Deinen körperlichen Tod hast Du gezeigt, daß die Wahrheit das Leben des vernünftigen Geistes ist. Der Samen wuchs in der guten Erde und brachte Frucht. Zeige mir, o Herr, daß meine Seele in bezug auf meinen Körper Lebensatem ist und Leben in ihn haucht und einströmen läßt. Nicht aber ist sie Leben in bezug auf Dich, sondern gleichsam nur Möglichkeit zum Leben. Und weil Du es nicht vermagst, nicht zu gewähren, um was Du gebeten wirst, sofern es in zuversichtlichem Glauben geschieht, läßt Du mich sehen, daß im Knaben eine Seele ist, welche die vegetative Kraft als Wirklichkeit hat. Der Knabe wächst; er hat die sinnliche Kraft als Wirklichkeit, denn er hat sinnenhafte Empfindungen; er hat auch die Einbildungskraft, jedoch noch nicht als Wirklichkeit; ebenso hat er die Kraft verstandesmäßigen Überlegens, deren Verwirklichung in noch weiterer Entfernung liegt. Schließlich hat er auch die Kraft der Vernunft, aber in ganz entfernter Mächtigkeit.

So erfahren wir, daß die eine Seele in bezug auf die niedrigeren Mächtigkeiten früher und in bezug auf die höheren später in Wirklichkeit tritt, sodaß der Mensch als körperliches Lebewesen früher da ist denn als geistiges. In ähnlicher Weise machen wir die Erfahrung, daß es eine bestimmte erdhafte Kraft gibt, die man als Geist im Innern der Erde bezeichnen kann. Er befindet sich in der Mächtigkeit, Stein zu werden, oder Salz oder Metall. Diese Geistarten sind wieder verschieden gemäß den verschiedenen Steinen, Salzen und Metallen. Dennoch ist ein einziger der Geist des Minerals Gold, das durch das Einwirken der Sonne oder des Himmels ständig mehr und mehr gereinigt, zuletzt so zu reinem Gold wird, daß es durch kein anderes Element zersetzt werden kann. In ihm strahlt das unvergängliche Licht des Himmels in reichstem Maße wider, da es dem körperlichen Licht der Sonne stark angeglichen ist.

Dieselben Erfahrungen machen wir in bezug auf den belebenden und sinnlichen Geist. Denn der sinnliche Geist im Menschen paßt sich weithin der ihn bewegenden und ihn beeinflussenden Kraft des Himmels an. Unter dem Einfluß des Himmels erfährt er sein allmähliches Wachstum, bis er in vollkommene Wirklichkeit gebracht wird. Er erwächst indes aus der Mächtigkeit des Körpers; daher schwindet seine Vollkommenheit, wenn die des Körpers, von dem er abhängt, schwindet.

Ferner gibt es den vernunfthaften Geist, der in der Wirklichkeit seiner Vollkommenheit nicht vom Körper abhängt, sondern durch Vermittlung der sinnenhaften Kraft mit diesem vereint wird. Da dieser Geist nicht vom Körper abhängt, unterliegt er nicht dem Einfluß der Himmelskörper, ist auch nicht vom sinnlichen Geist abhängig und darum auch nicht von der Bewegungskraft des Himmels. Wie vielmehr die Beweger der Himmelskreise dem ersten Beweger unterstehen, so auch dieser Beweger, der die Vernunft ist. Weil sie aber mittels der Sinnenkraft dem Körper geeint ist, ist sie ohne die Sinne nicht vollendet. Alles, was von der sinnlichen Welt zu ihm gelangt, kommt durch die Vermittlung der Sinne zu ihm. Darum vermag in der Vernunft nichts dergleichen zu sein, das nicht vorher in der Sinnlichkeit war. Je reiner aber und vollkommener diese war, je klarer Einbildungskraft und je besser forschende Überlegung wirkten, desto weniger ist die Vernunft in ihren vernunfthaften Handlungen gehindert und besteht in umso unmittelbarerer Klarheit.

Die Vernunft wird mit dem Wort des Lebens genährt, unter dessen Einfluß sie ebenso steht wie die Beweger der Himmelskreise; allerdings in verschiedener Weise, genauso wie auch die Geister, die hinter den Einflüssen des Himmels stehen, verschieden vollendet werden. Vom sinnlichen Geist wird sie nur nach außen hin vollendet, so wie ein Abbild nicht vollendet, sondern dazu aufruft, nach der Wahrheit des Bildes zu fragen; genauso wie ein Abbild des Kreuzes nicht Andacht vermittelt, sondern die Erinnerung wachruft, auf daß die Andacht einströme.

Weil der vernunfthafte Geist nicht durch den Einfluß des Himmels genötigt wird, sondern vollständig frei ist, gelangt er nur dann zur Vollendung, wenn er sich durch den Glauben dem Einfluß des Gotteswortes unterwirft; so wie ein freier und selbständiger Schüler die Vollendung nicht erreicht, wenn er sich nicht im Glauben dem Wort des Meisters unterwirft, dem er vertrauen und auf den er hören muß.

Die Vernunft wird durch das Wort Gottes vollendet, sie wächst und wird ständig umfassender, fähiger und dem Worte ähnlicher. Diese Vollendung, die ihr so vom Wort zukommt, von dem sie das Sein hat, ist keine vergängliche, sondern gottgestaltige Vollendung, die so wie die Vollkommenheit des Goldes nicht vergänglich, sondern himmelsförmig ist.

Jede Vernunft muß sich darum im Glauben dem Wort Gottes unterwerfen und voll Aufmerksamkeit auf die innere Belehrung des höchsten Meisters hören. Und dadurch, daß sie hört, was der Herr in ihr spricht, wird sie vollkommen. Darum hast Du, Jesus, einziger Lehrer, uns gelehrt, daß der Glaube für jeden, welcher der Lebensquelle nahekommen will, nötig ist, und gezeigt, daß die göttliche Kraft dem Grad des Glaubens entsprechend in uns einströmt.

Zwei Dinge hast Du uns gelehrt, Christus, unser Erlöser: den Glauben und die Liebe. Durch den Glauben nähert sich die Vernunft dem Wort, durch die Liebe wird sie mit ihm vereint. Je näher sie kommt, umso mehr wächst ihre Kraft, und je mehr sie liebt, desto mehr wird sie im Licht des Wortes gestärkt. Das Wort Gottes aber ist in ihr und es ist nicht nötig, daß sie es draußen sucht, da sie es in sich finden und durch den Glauben zu ihm herankommen kann. Durch Gebet vermag sie zu erreichen, daß sie immer näher zu ihm kommen kann, denn das Wort läßt den Glauben wachsen, indem es sein Licht mitteilt.

Ich danke Dir, o Jesus, daß ich in Deinem Licht bis hierher gelangt bin. In Deinem Licht sehe ich das Licht meines Lebens; ich sehe, wie Du, das Wort, in alle Glaubenden das Leben einströmen läßt und alle zur Vollendung führst, die Dich lieben. Gab es je eine kürzere und wirksamere Lehre als die Deine, guter Jesus? Du überredest uns nicht, es sei denn zum Glauben und schreibst nichts vor als zu lieben. Was ist leichter als Gott zu glauben? Was süßer als ihn zu lieben? Wie wonnevoll ist Dein Joch und wie leicht ist Deine Last, einziger Lehrer!

Jenen, die Deine Lehre befolgen, verheißest Du alles, was sie ersehnen. Nichts, so versicherst Du, ist dem Glaubenden schwer und nichts kann dem Liebenden verweigert werden. Solche Verheißungen gibst Du Deinen Jüngern. Sie sind völlig wahr, weil Du die Wahrheit bist, die nur Wahres versprechen kann. Ja, Du verheißt nichts anderes als Dich selbst, der Du die Vollendung von allem bist, das vollendet werden kann. Dir sei Lob und Ehre und Dank in alle Ewigkeit.

XXV

Jesus die Vollendung

Was ist es, Herr, das Du in den Geist des Menschen hineinsenkst, den Du vollendest? Ist es nicht Dein guter Geist, der gänzlich als Wirklichkeit die Kraft aller Kräfte und die Vollendung des Vollkommenen ist? Er ist es ja, der alles wirkt. So wie die Kraft der Sonne in das Wachstum herabsteigt und es dazu bringt, sich zu vollenden und mittels eines guten Baumes durch die schöne und natürliche Reife der himmlischen Wärme eine gute Frucht wird, so gelangt Dein Geist, o Gott, in den vernunfthaften Geist eines guten Menschen und läßt durch die Wärme der göttlichen Liebe die Tugendkraft reifen, daß sie sich vollende und zu einer ihm willkommenen Frucht werde.

Wir erfahren, Herr, daß Dein einfacher, in seiner Kraft unendlicher Geist in vielfacher Weise aufgenommen wird. Anders wird er von einem aufgenommen, in dem er einen prophetischen Geist bewirkt, anders in einem anderen, den er zu einem erfahrenen Ausleger macht, wieder anders in einem, den er Wissenschaft lehrt; und so ist er in allen anders. Seine Gaben sind verschieden. Sie sind Vollendungen des vernunfthaften Geistes; der Sonne vergleichbar, die in derselben Wärme bei verschiedenen Bäumen verschiedene Früchte zur Reife bringt.

Ich sehe Herr, daß Dein Geist keinem Geist fehlen kann, denn er ist der Geist der Geister und die Bewegung der Bewegungen. Er erfüllt den ganzen Erdkreis. Alles, das nicht den vernunfthaften Geist hat, ordnet er mit Hilfe der Vernunftnatur, die den Himmel bewegt und durch dessen Bewegung alles, das ihm unterstellt ist. Die Ordnung und Verwaltung in der vernunfthaften Natur hat er sich jedoch selbst vorbehalten. Diese Natur hat er sich angelobt, er hat sie erwählt, um in ihr zu ruhen als in einer Stätte des Bleibens und dem Himmel der Wahrheit. Denn die Wahrheit an sich vermag nirgends sonst erfaßt zu werden als nur in der vernunfthaften Natur.

Du Herr, der Du alles um Deiner Selbst willen wirkst, hast diese ganze Welt um der vernunfthaften Natur willen geschaffen; wie ein Maler, der verschiedene Farben mischt, um sich selbst abbilden zu können in der Absicht, sein eigenes Bild zu haben, an dem sich seine Kunst freut und in dem sie ruht. Weil er, der eine, nicht vervielfältigt werden kann, soll er wenigstens in größter Ähnlichkeit auf eine Weise, in der es möglich ist, vervielfältigt werden. Er macht indes viele Bilder, weil die unendliche Ähnlichkeit seiner Kraft nur in vielen Bildern in der vollkommensten möglichen Weise entfaltet werden kann. Alle vernunfthaften Geister sind für jeden einzelnen Geist gut und nützlich. Wären sie nicht unzählbar, dann könntest Du, unendlicher Gott, nicht auf die bestmögliche Weise erkannt werden.

Jeder vernunfthafte Geist sieht in Dir, mein Gott, etwas; würde dies nicht den anderen enthüllt, so könnten sie Dich, ihren Gott, nicht auf diese beste mögliche Weise erkennen. Die von Liebe erfüllten Geister enthüllen sich gegenseitig ihre Geheimnisse. Damit wird die Erkenntnis des Geliebten vergrößert, und die Sehnsucht nach ihm und die Süßigkeit der Freude entbrennt immer mehr. Doch Du, Herr und Gott, hättest Dein Werk noch nicht zur Vollendung geführt ohne Jesus, Deinen Sohn, Christus, den Du vor seinen Gefährten gesalbt hast. In seiner Vernunft kommt die Vollendung der schaffbaren Natur zur Ruhe. Denn er ist das letzte und vollkommenste und unvermehrbare Bild Gottes. Ein derartiges höchstes Abbild kann es nur einmal geben. Alle anderen vernunfthaften Geister sind Abbilder nur durch die Vermittlung dieses Geistes. Und je vollkommener sie sind, umso mehr sind sie ihm ähnlich.

Sie alle ruhen in jenem Geist als in der letzten Vollendung des Bildes Gottes, sofern sie die Ähnlichkeit mit diesem Abbild und einen bestimmten Grad der Vollendung erreicht haben. Als Dein Geschenk, mein Gott, habe ich diese gesamte sichtbare Welt, die ganze Schrift und alle dienstbaren Geister zur Hilfe bekommen, um in der Erkenntnis Deiner selbst fortschreiten zu können. Alles ruft mich auf, mich Dir zuzuwenden. Alle Schriften streben nach nichts anderem, als danach, Dich zu zeigen, und alle vernunfthaften Geister üben sich in keinem anderen Dienst, als Dich zu suchen und zu zeigen, was sie von Dir erfahren.

Vor und über allem anderen hast Du mir Jesus, den Meister, gegeben, den Weg, die Wahrheit und das Leben, damit mir gar nichts fehlen kann. Du stärkst mich mit Deinem heiligen Geist. Durch ihn erleuchtest Du mich, das Leben zu erwählen und Heiliges zu erstreben. Du läßt mich im Voraus die Süßigkeit des seligen Lebens kosten und lockst mich dadurch an, Dich, das unendliche Gut zu lieben. Du reißt mich hin, daß ich gleichsam über mir selbst stehe und im voraus den Ort der Herrlichkeit schaue, zu dem Du mich einlädst. Du zeigst mir viele wohlschmeckende Gerichte, die mich mit ihrem wunderbaren Duft anziehen. Du läßt mich den Schatz aller Reichtümer des Lebens, der Freude und der Schönheit sehen. Du öffnest mir die Quelle, aus der alles Ersehnenswerte in Natur und Kunst entströmt. Nichts hältst Du geheim. Du verbirgst mir nicht den Quell der Liebe, des Friedens und der Ruhe. Alles bietest Du mir Armem dar, den Du aus dem Nichts erschaffen hast.

Was zögere ich? Warum eile ich nicht im Salbenduft meines Christus dahin? Warum trete ich nicht ein in die Freude meines Herrn? Was hält mich? Wenn mich bis jetzt die Unkenntnis Deiner, o Herr, und leeres Vergnügen an der sinnlichen Welt festhielt, es soll mich nicht weiterhin halten. Da du mir die Kraft gibst zu wollen, will ich verlassen, was dieser Welt angehört, da mich die Welt verlassen will. Ich eile dem Ziel zu, habe den Lauf fast vollendet. Ich bin dahin gelangt, ihr Lebewohl zu sagen, da ich nach der Krone des Lebens strebe. Ziehe mich, Herr – denn niemand vermag zu Dir zu kommen, wenn er nicht von Dir gezogen wird –, damit ich von Dir an Dich gezogen, von dieser Welt erlöst werde und mit Dir, dem freien Gott, in der Ewigkeit des seligen Lebens verbunden werde. Amen

Nachwort von Alois M. Haas

Die hier in deutscher Übersetzung aus dem Latein vorgelegte Schrift des Kardinals Nikolaus von Kues (1401–11.8. 1464) stellt eine Abhandlung dar, in welcher Fragen der mystischen Theologie in möglichst ungezwungener Form besprochen werden. «De visione Dei» («Vom Sehen Gottes») ist damit aber keinesfalls als ein Schultraktat anzusehen, wie ihn die theologischen Schriftsteller im 15. Jahrhundert gerne über die mystische Gotteserkenntnis unter dem Titel «De theologia mystica» («Über die mystische Theologie») gelehrt und, eingeteilt in viele Distinktionen, abzufassen beliebten. Nikolaus von Kues (auch Cusanus genannt) war immer ein Denker und Theologe, der im Zusammenhang mit der von ihm erfahrenen Lebenswirklichkeit dachte und forschte. So hat auch diese Schrift – wie alle anderen zahlreichen Schriften von ihm – einen konkreten Hintergrund im Leben des großen Kardinals[1], der zu den hervorragendsten Persönlichkeiten der deutschen Geschichte gehört. Ein Blick auf das stark in den kirchenpolitischen Geschehnissen und in wissenschaftsgeschichtlich bedeutsamen Ereignissen des 15. Jahrhunderts verankerte Leben dieses erstaunlichen Mannes mag eine Ahnung davon geben, wie sehr auch diese Schrift in die geschichtlichen Zusammenhänge eingebettet ist.

Leben und Wirken des Nikolaus von Kues

1401 als Sohn des Schiffers Henne Krebs zu Bernkastel-Kues im Bistum Trier geboren, bekam Nikolaus nach einer nicht sehr sicheren Annahme der Forschung bei den Fraterherren (zu Deventer?) eine schulische Vorbildung. Hier wäre er dann auch mit der kirchlichen Reformbewegung der *Devotio moderna* in Berührung gekommen – einer Frömmigkeitsbewegung, in der ein Brückenschlag vom Welt- zum Klosterleben durch die Ausformung eines Lebensstandes geschlagen werden sollte, in dem die mönchischen Ideale ohne feste Bindung, aber abgelöst vom Getriebe der Welt verwirklicht würden, 1416/17 studierte Nikolaus in Heidelberg Philosophie, 1417 bis 1423 in Padua kanonisches Recht und nebenbei auch Mathematik. In Padua promovierte er auch zum Dr. iur. und knüpfte erste freundschaftliche Beziehungen zu naturwissenschaftlich orientierten Gelehrten (G. Cesarini, Paolo Toscanelli).

Um Ostern 1425 begab sich Nikolaus nach Köln zu theologischen Studien, vor allem bei Heymericus de Campo, der ihn mit dem Schrifttum des Raimund Lull (1232–1315/16) bekannt machte. Er fand in diesem tiefsinnigen Mystiker, Philosophen und Theologen einen ihn aufs nachhaltigste beeindruckenden geistigen Wahlverwandten, der bei weitgetriebener rationaler Spekulation mystische Probleme der Vereinigung des Menschen mit Gott nicht außer acht ließ. In Bibliotheksforschungen gelangen Nikolaus sodann wichtige Neuentdeckungen antiker Texte, so der Bücher I–VI der Tacitus-Annalen und der Plautus-Komödien, was zeitgenössische Humanisten begeisterte. 1425 erhielt er seine erste Pfründe, danach verschiedene mit Pfründen versehene geistliche Titel. Den Ruf auf einen kanonistischen Lehrstuhl nach Löwen lehnte er zweimal ab. 1432 begab sich Nikolaus an das Konzil von Basel, um daselbst den Anspruch des Grafen Ulrich von Manderscheid auf den erzbischöflichen Stuhl von Trier zu vertreten, ein Vorhaben, das ihm mißlang. Hingegen bot das Basler Konzil (1431–37) Nikolaus die Gelegenheit, sein lokales Problem gewissermaßen exemplarisch vor der damals entscheidenden Weltöffentlichkeit abzuhandeln. Seine Präsenz in Basel jedenfalls muß Eindruck gemacht haben. Er wurde bald in die *Deputatio fidei* aufgenommen, in der er sich mit der damaligen Ketzerproblematik der Hussiten konfrontiert sah. Zunächst war Cusanus der Partei der sog. Konziliaristen zugeneigt, die die Gottunmittelbarkeit der Konzilsversammlung *vor* dem Papst und seinen Entscheiden vertrat. Nachdem aber Papst Eugen IV. die griechische Kirche für ein Unionskonzil in Italien gewonnen hatte, wurde Cusanus päpstlich und setzte sich ganz für die Einheit der Kirche ein. Als päpstlicher Gesandter begleitete er 1438 den Kaiser und die Hierarchie der Ostkirche von Konstantinopel nach Italien, wo dann in Ferrara die Unionsverhandlungen begannen.

In dieser Reisegesellschaft überkam Nikolaus eine tiefe Einsicht, von der er in seinem die Schrift «De docta ignorantia» («Die belehrte Unwissenheit») begleitenden Widmungsbrief an Kardinal Julian Cesarini Zeugnis ablegte: Alle Einung in der Kirche hat ihren Grund in der Einung der zwei Naturen, der göttlichen und menschlichen, in Christus. Alle Einung ist aber erfahr- und nachvollziehbar nur in der Haltung eines «belehrten Nichtwissens», denn das, »dem gegenüber es nichts Größeres geben kann», ist das Eine, dem man sich letztlich nur negativ – indem man von ihm sagt, was es nicht ist – zu nahen vermag. Gleichzeitig aber bietet die Ermittlung des schlechthin Größten, d.h. Unendlichen mannigfache Belehrung, so daß im Zusammenfall aller Gegensätze im Größten, in Gott, sich dem Menschen existentiell die Haltung belehrten Unwissens aufdrängt. Diese Einsicht ergab sich Cusanus – wie er selber in dem Widmungsbrief berichtet – geradezu gnadenhaft: «Empfange nun, ehrwürdiger Vater, was ich schon längst auf den verschiedenen Wegen der Lehrmeinungen intensiv zu finden versucht habe, jedoch nicht eher finden konnte, als bis ich bei meiner Rückkehr aus Griechenland auf dem Meerwege dahin gelangte – meiner Meinung nach durch ein Geschenk des Himmels vom Vater der Lichter, von dem alle gute Gabe kommt –, das Unbegreifliche in nicht begreifender Weise in belehrter Unwissenheit zu erfassen im Aufstieg zu den unvergänglichen Wahrheiten, die nach menschlicher

Erkenntnisweise nur erkennbar sind. Diese belehrte Unwissenheit habe ich jetzt mit Hilfe dessen, der die Wahrheit ist, in diesen Büchern dargestellt.» Die drei Bücher der Schrift handeln denn auch ganz sinnvoll zunächst über Gott als das absolut Größte, sodann über Welt und Universum als das kontrahiert Größte *(maximum contractum)* und schließlich über die Verbindung der beiden Bereiche des Göttlichen und Weltlichen in Jesus Christus. Auch wenn man diese Erleuchtungserfahrung eines Ineinanderfallens aller Gegensätze in Gott wohl kaum als eine mystische Erfahrung bezeichnen darf, sieht Nikolaus von Kues später darin immerhin «den Anfang des Aufstiegs zur mystischen Theologie» («Verteidigung der wissenden Unwissenheit»). Mit andern Worten: Die mystische Einung des Menschen mit Gott ist schon eine frühe Zielvorstellung des Cusanus, weil sein natur- und geisteswissenschaftliches Denken in einer solchen mystisch gefaßten Einung, in der alle irdischen und kosmischen Gegensätze aufgehoben sind, letztlich kumuliert.

1439 reiste Nikolaus im Auftrag Eugens IV. nach Deutschland, wo er während zehn Jahren im Kampf gegen die Konziliaristen und mit den Kurfürsten für die Versöhnung zwischen Papst und Reich als «Herkules der Eugenianer» (Enea Silvio Piccolomini) Erstaunliches leistete. Am 20. Dezember 1448 wurde er zum Kardinal mit der Titelkirche S. Pietro in vinculi ernannt. Am 26. April 1450 wurde er von Papst Nikolaus V. zum Bischof von Brixen in Südtirol geweiht. Überregional blieb allerdings seine Aufgabe, als päpstlicher Gesandter im ganzen damaligen Reich von Wien bis Haarlem Klerus und Volk im christlichen Glauben zu reformieren. Das tat er, indem er rastlos durch Visitationen, Predigten und Verkündigung von Ablässen zu einem dauerhaften Frieden und einem geläuterten Glaubensleben hin zu vermitteln versuchte. Auch seinem Fürstbistum ließ er seine Seelsorge angedeihen, was dann allerdings den resoluten Widerstand des Grafen Sigismund von Tirol herausforderte. Nach fünfjähriger Bemühung scheiterten alle Reformbemühungen des Kardinals in seinem Bistum. 1458 verließ er seine Diözese und wandte sich neuen kirchenpolitisch bedeutsamen Unternehmungen in Italien zu: Kirchenreform und Friedenssicherung – diesmal in Rom und von Rom aus – blieben seine Hauptbeschäftigungen. Am 11. August 1464 starb der Rastlose auf einer Dienstreise in Todi.

Streit um die «belehrte Unwissenheit»

Die aus dem Jahre 1440 stammende frühe Abhandlung Nikolaus' von Kues «Über das belehrte Nichtwissen» konnte wegen ihres kühnen, die Schulphilosophie brüskierenden Inhalts nicht ohne Widerspruch bleiben. Im Rahmen der sich von dieser Schrift und ihren Aussagen herleitenden Diskussionen ist denn auch die hier vorgelegte Schrift «Vom Sehen Gottes» einzuordnen. Um die Zusammenhänge deutlich zu machen, ist ein wenig auszuholen.[2]

Relativ bald nach dem Erscheinen der «Docta ignorantia» schrieb der Heidelberger Theologieprofessor und mehrfache Rektor der dortigen Universität, Johannes Wenck von Herrenberg († 1460), zwischen März 1442 und Mittsommer 1443 unter dem Titel «De ignota litteratura» («Über die unbekannte Gelehrsamkeit») eine vehemente Gegenschrift, in der er sich unter Berufung auf Psalm 70,15 (*Quoniam non cognovi litteraturam, introibo in potentias Domini* – Da ich keine Gelehrsamkeit kenne, begebe ich mich in die Macht des Herrn) von dieser Art Wissenschaft distanzierte. Gründe für diese zum Teil recht ungerechte und allzu emotional verfaßte Ablehnung der cusanischen Schrift gibt es eine ganze Anzahl[3]: Wenck war von allem Anfang an ein kirchenpolitischer Gegner von Cusanus, d. h. Vertreter der Konziliaristen – Anhänger der Meinung, daß das (Basler) Konzil über dem Papste und seiner Verfügungsgewalt im kirchlichen Bereich stünde. Nikolaus war dagegen, nachdem er Konziliarist gewesen war, sehr bald Anhänger des Paptes (Eugen IV.) geworden. Diese kirchenpolitische Gegnerschaft wird sich später dann auch bei andern Gegnern des Kardinals – z. B. bei Vinzenz von Aggsbach – wiederum fühlbar machen. Als Wenck 1442/43 seine Kampfschrift verfaßte, waren jedenfalls die kirchenpolitischen Ereignisse noch in vollem Gang. Mit der kirchenpolitischen Verketzerung ging Hand in Hand ein anderes Motiv Wencks, sein Versuch nämlich, Cusanus in den Geruch der Ketzerei zu bringen, indem er ihn als den «Pseudoapostel der Begarden» zu diskriminieren versuchte. Die Begarden –

auch Lollharden genannt – stellten schon seit über einem Jahrhundert zusammen mit den Beginen eine Gruppe von religiös gestimmten Menschen dar, die häufig außerhalb der kirchlich-sozialen und ideologischen Bindungen ein strenges, gottbezogenes Leben in Einsamkeit und Abgeschiedenheit zu führen versuchten und sich zu diesem Zweck in kleineren Gruppen und Konventikeln zusammenschlossen. Ihnen sagte man Arbeitsscheu, Hochmut, Verachtung der Wissenschaft, Nachlässigkeit in der Nächstenliebe, Vorwegnahme der ewigen Seligkeit und unerlaubte Weltflucht nach. Indem Wenck hinter Nikolaus' «belehrtem Nichtwissen» die Mystik Meister Eckharts und der Begarden – in unerlaubter Kombination dieser beiden – witterte, bezeugte er eine Ketzerriecherei, deren Ungerechtigkeit auf der Hand lag. Ein letztes Motiv Wencks war seine Angst, der Cusanus könnte mit seiner unkonventionellen, den Schulen nicht konformen Denk- und Schreibart einen «revolutionären Umsturz der traditionell-schulischen Grundlagen von Philosophie und Theologie[4]» herbeiführen. So schilt Wenck Nikolaus einen «gelehrten Ignoranten und ignoranten Gelehrten», einen «konfusen Menschen», dessen «Weg in die Unvernunft und Torheit der Unwissenheit führt[5]». Rudolf Haubst, der verdiente Erforscher des Cusanus, sieht den Gegensatz zwischen Wenck und Cusanus folgendermaßen: «Der spätmittelalterlich engen Autoritätsgebundenheit, in der Wenck allein noch die Sicherung vor dem Umsturz sah, stand denn auch in der Tat Nikolaus von Kues als ein selbst ungewöhnlich stark in der Tradition verwurzelter und die Tradition gleichsam gierig resorbierender, aber ebenso auch als ein zur eigenen Initiative des Denkens entschlossener Geist gegenüber, der, mit der Kraft der Tradition erfüllt, den Durchbruch zu Neuem wagte; für den die alte Wahrheit zu neuem Erlebnis wurde und zu neuer Gestaltung drängte; für den die Schulsysteme so, wie sie ihm die gesuchte Wahrheit boten, zu neuer Einheit zusammenflossen; für den auch die für das Mittelalter tragische Trennung von Scholastik und Mystik nicht bestand, da seine Mystik aus der gesteigerten Glut eines hungrigen Wahrheitssuchens und aus der Begegnung mit der in der Schöpfung und in Jesus Christus sich darbietenden Weisheit und Güte Gottes erwuchs[6].» Damit ist der Differenzpunkt zwischen Wenck und Nikolaus genau bezeichnet: Für den Cusanus gibt es die spätscholastische Trennung schulisch-universitärer Bereiche und Fächer aus einer Ganzheitsintuition heraus, in der Gott, Mensch und Schöpfung im Verhältnis von *complicatio* (Einbefaßtheit) und *explicatio* (Ausgefaltetsein) zueinanderstehen, nicht mehr. Das bedeutet keinesfalls eine Rückkehr zu alten Ganzheitsvorstellungen, sondern eine unerhörte Öffnung auf die neuen Wissenschaften der Astronomie, Mathematik und der Naturwissenschaften insgesamt hin, da sich in ihnen ja für den Cusanus dieses Verhältnis überhaupt erst erfahrungshaft dokumentieren ließ.

In seiner erst 1449 abgeschlossenen «Apologia doctae ignorantiae» («Verteidigung der wissenden Unwissenheit») – vermutlich hatte er die Wencksche

Schrift vorher gar nicht vor die Augen bekommen – schrieb Nikolaus von Kues eine souveräne Replik auf die Schmähschrift, in der er nochmals nachhaltig auf der Unbegreiflichkeit Gottes besteht und daher die Nähe dieser negativen Erkenntnis zu deren gleichzeitiger, d. h. letztlich nur mystisch sich ereignender partikularer Aufhebung betont: «Wenn man also auf irgendeine Weise zur absoluten Wahrheit gelangen soll, ist es notwendig, daß dies durch unbegreifliche Einsicht *(incomprehensibili intuitu)* gleichsam auf dem Wege einer Entrückung im Augenblick geschieht; so wie wir mit dem fleischlichen Auge den Glanz der Sonne nur für einen Augenblick auf unbegreifliche Weise betrachten können[7].» Diesen Bezug der belehrten Unwissenheit zur mystischen Erfahrung, in der sie erfahrungshaft bestätigt wird – denn auch im vorauskostenden Erfahren Gottes erweist sich Gott immer als das *unerfaßbare* Größte, was sich denken läßt –, wird dann bald vom Cusanus genauer entfaltet werden.

Johannes Wenck muß später seine Meinung über Nikolaus von Kues beträchtlich revidiert haben, obwohl er zunächst in einer kleinen Schrift «De facie scolae doctae ignorantiae» («Über das Aussehen der Schule belehrter Unwissenheit») nochmals auf die «Verteidigung» des Cusanus reagierte[8]. Diese Schrift – zwischen 1449 und 1455 entstanden – kam Nikolaus nicht mehr vor die Augen.

Schon Rudolf Haubst und neuerdings vor allem Jasper Hopkins haben darauf hingewiesen, daß es nicht reine Bosheit war, die Wenck zu seinen Ausfällen gegen Nikolaus trieb, sondern daß der Konflikt zwischen der Schultheologie, die Wenck vertrat, und des Cusanus eigener, mathematische, metaphysische und mystische Elemente in sich integrierender theologischer Denkmethode gewissermaßen seine innere Notwendigkeit hatte. Das ist der geistesgeschichtliche Sinn dieses Streites, in dem sich ein Wendepunkt vom Mittelalter zur Renaissance abzeichnet[9]. Dem gegenüber sind Wencks Verstehensfehler, seine flüchtige Lektüre des cusanischen Textes, aber auch des Cusanus vom schulischen Gesichtspunkt her vage und unpräzise Begrifflichkeit von sekundärem Rang[10]. Im Grunde sind sowohl Nikolaus von Kues wie sein Gegenspieler Johannes Wenck den Reformbewegungen innerhalb der Kirche zuzurechnen. Nur sind bei beiden die Methoden verschieden: Dieser äußert seinen priesterlich-seelsorgerlichen Eifer integralistisch im Sinne der *via antiqua*[11] in konziliaristischer Tätigkeit und Ketzerbekämpfung, jener versucht – jenseits des Schulenstreits um die *via moderna* oder *antiqua* – die authentischen religiösen Bemühungen des Menschen integrativ mit der neu aufbrechenden *curiositas* (Neugierde) im Bereich «weltlicher» Wissenschaftsbestrebungen zu verbinden[12].

Nikolaus' von Kues «De docta ignorantia» fand aber nicht nur Kritik, sondern weithin auch begeisterte Zustimmung, insbesondere in Kreisen, in denen mystische Erfahrung gewissermaßen ein alltägliches Problem darstellte, d.h. bei kontemplativ orientierten Mönchen benediktinischer Richtung. Um die Mitte des 15. Jahrhunderts fand bei den Benediktinern eine außerordentliche Bemühung um eine Reform des Ordenslebens statt, in deren Errichtung auch der Kardinal vielfach engagiert war. Man hat von einer eigentlichen «bayerischen Benediktinermystik am Ausgang des Mittelalters[13]» gesprochen. Zu erwähnen sind hier die bayerischen Reform-Kongregationen von Bursfelde, Kastl und Melk[14]. Der Melker Union in Österreich hatte sich das im 14. Jahrhundert schwer zerrüttete südbayerische Kloster Tegernsee angeschlossen[15]. Nachdem Nikolaus von Kues mit dem mystisch interessierten Johannes Keck († 1450)[16] zu diesem Kloster Kontakt bekommen, ja vom 31. Mai bis zum 2. Juni 1452 (in der Pfingstoktav) als Kardinallegat auf seiner Reise nach Böhmen sich daselbst aufgehalten hatte, waren alle Voraussetzungen für einen regen geistigen Austausch zwischen ihm und den Klosterangehörigen erfüllt. Tatsächlich konkretisierte sich dieser geistige Austausch dann in einem längeren Briefwechsel über Prinzipienfragen[17] der mystischen Erfahrung vom Sommer 1452 bis zum 9. Januar 1456[18].

Unter Abt *Kaspar Aindorffer* (1402–61; von 1426

bis zu seinem Tode Abt) wirkten in Tegernsee eine ganze Anzahl von Mönchen, deren Eifer in der Ausübung ihrer religiösen Pflichten und in der Erforschung der kirchlichen Mystik vorbildlich war. Unter ihnen ragte *Bernhard von Waging* (um 1400; mit Profess vom 8. Dez. 1447 vom Augustinerchorherrenstift Indersdorf nach Tegernsee übergetreten; 1452–65 Prior; † 1472)[19] ganz besonders durch seine Umgänglichkeit und Menschenfreundlichkeit hervor. Nach der Lektüre der Schrift «De docta ignorantia» schrieb er 1451 begeistert ein «Laudatorium doctae ignorantiae» («Lobschrift auf die belehrte Unwissenheit»), dem er dann im Verlauf der sich bald entwickelnden Diskussion um die mystische Erfahrung weitere Schriften folgen ließ. Seiner Begeisterung für die «belehrte Unwissenheit» gibt er in hingerissenen Worten Ausdruck: «Ich will dich loben, und die Worte fehlen mir! Je mehr ich deine Vorzüglichkeit und Würde betrachte, o heilige und mystische Wahrheit, belehrte Unwissenheit, um so mehr fühle ich mich unfähig, dich würdig zu besingen und zu empfehlen. Aber wovon ich mich nicht abhalten lassen will und kann, ist dies, deinen Vorrang vor allen Wissenschaften anzuerkennen und dich vor allen zu lieben. Du allein gibst dem Geist Genügen, du allein füllst die Leere und die Nichtigkeit, die in ihm die Wissenschaften zurücklassen. Du bist unendlich würdiger, vornehmer und wertvoller als dich alle deine Verehrer je besingen könnten[20].» Was Bernhard an der cusanischen Denkmethode der belehrten Unwissenheit so begeisterte, war die Vermutung (die des Cusanus eigene in seiner

«Apologia» war![21]), daß sie auf die mystische Theologie hin konvergiert, ja sich mit ihr – schaut man auf ihren Endpunkt – identifiziert. Die Differenz zwischen der belehrten Unwissenheit und der mystischen Theologie besteht einzig in einer je anderen Methode: Während die *docta ignorantia* Symbole und Beweise gebraucht und sich an die Vernunft richtet, wendet sich die mystische Theologie eher an die affektiven Vermögen der Seele. Es handelt sich dabei aber bloß um eine Differenz in den Funktionen. Vernunft und Liebe sehen sich in der Weisheit vereint, selbst dann, wenn sie divergieren sollten. Im Weisen gibt es nie Liebe ohne Erkenntnis. Wenn man Gott liebt, so ist dieser Liebe immer auch Erkenntnis eingeschlossen. Liebe ohne Erkenntnis gibt es nicht. Der *actus sapiencialis*[22] – der Vorgang, in dem der Mensch mit Gott gnadenhaft und erfahrungshaft (*sapiencialis* von *sapere* – schmecken, erfahren) mit Gott eins wird – ist *affeccio* (Liebesaffekt) und *intellectio* (Erkenntnis), wenn es auch ein Früher und Später in der Verteilung dieser menschlichen Vermögen gibt: Die mystische Theologie beginnt im Intellekt und wird erfüllt im Affekt (der Liebe). Bernhard Waging, der hier stillschweigend auf weite Strecken Bonaventura zitiert[23], zeigt sich hier an einem Punkt ergriffen, der für Nikolaus' neue Konzeption der Gotteslehre entscheidend ist. Es gibt für ihn nicht zwei oder mehrere Lehren von Gott, etwa eine «mystische» und eine «wissenschaftliche», da alle Begriffe des Menschen endlich sind[24]. Ob physisch, metaphysisch oder theologisch – die Begriffe führen zu Grenzen, die alle Begrifflichkeit letztlich als Nichtwissen entlarven. Dies aber ist eine *Erfahrung,* die zur Weisheit führt[25], in der alle affektiven und intellektualen Bestrebungen des Menschen sich vereinen. So ist für Cusanus alles Denken erfahrendes Denken, wenn es seinen Namen verdienen soll. Der Laie in «Idiota de sapientia» («Der Laie über die Weisheit») sagt es deutlich: «Wie nämlich alles Wissen über den Geschmack eines nie verkosteten Dinges leer und unfruchtbar ist, bis der Geschmackssinn es berührt, so ist's mit dieser Weisheit, die niemand durch das Gehör erfährt, sondern nur, wer in innerlicher Erfahrung empfängt. Und ein solcher bringt kein Zeugnis vor von dem, was er gehört, sondern aus dem, was er in sich selbst erfahrungshaft verkostet hat *(experimentaliter gustavit)*[26].» Oder schon in der «Apologia» heißt es: «Die aber, die durch das nichtwissende Nichtwissen vom Hören zur Schau des Geistes gebracht werden, freuen sich darüber, das Wissen des Nichtwissens durch sichere Erfahrung erlangt zu haben[27].»

Was bei Bernhard Waging die Lektüre der Schrift «De docta ignorantia» auslöste, war nicht seine Privatangelegenheit. Ein ganzer Kreis von Mönchen und Klerikern innerhalb der Reformbewegung war daran beteiligt und engagiert. Eine entscheidende Rolle in der sich nun entspinnenden Kontroverse spielten wichtige Vertreter der Melker Reform in Österreich, unter ihnen vor allem Prior *Johannes Schlitpacher* (1403–1482)[28] aus Weilheim. 1434 war er als Magister der berühmten Wiener Universität nach Melk gekommen. Neben ihm ist zu nennen *Konrad von Gei-*

senfeld, der 1434/35 in Melk Prior, dann mit Profess vom 12. September 1445 nach Tegernsee übergetreten war und bis zu seinem Tod 1460 mit den Melkern in freundschaftlicher Beziehung blieb. Das zeigt sich in einer regen Korrespondenz zwischen ihm und Schlitpacher. Beide standen auch mit dem Kartäuser *Vinzenz von Aggsbach* (* um 1389; 1435–48 Prior seines Professklosters Aggsbach bei Melk; †1464)[29] in Kontakt. Dieser war es nun, der – über die Vermittlung Schlitpachers – sich als einer der schärfsten Gegner Nikolaus' von Kues entpuppen sollte, nachdem er von Schlitpacher vernommen hatte, wie in Tegernsee die Mystik en vogue gekommen war[30]. 1453 verfaßte er einen «Tractatus cuiusdam Cartusiensis de Mystica Theologia» («Traktat eines Kartäusers über die mystische Theologie»), in dem er keinerlei Erkenntnis im Verlauf der mystischen Erfahrung gelten ließ – weder voraufgehend noch nachfolgend – und sich dabei auf den Kartäuser Hugo von Balma (Ende des 13. Jahrhunderts) und seine lange Zeit dem Hl. Bonaventura zugeschriebene «Theologia mystica» abstützte, Cusanus und Johannes Gerson (1363–1429) mitsamt seiner Schrift «De mystica theologia» (1408) dagegen scharf kritisierte. Im Grunde geht es in diesem Streit um die sachgemäße und richtige Deutung einer Schrift des Vaters der christlichen Mystik, der «Theologia mystica» des Pseudo-Dionysius Areopagita (Ende 5., Anfang 6. Jahrhundert). Gerade in der Frage nach dem Beteiligtsein von Liebe und Erkenntnis in der mystischen Erfahrung glaubt Nikolaus bei Dionysius eine klare Auskunft bekommen zu können; so schreibt er in seinem Brief vom 14. Sept. 1453 an Abt Aindorffer und seine Mönche: «Wenn man den Text (der ‹Theologia mystica› des Dionysius) griechisch und lateinisch liest, dann sieht man, daß Dionysius so nach meiner Auffassung verstanden werden muß. Deshalb sagt er, daß man, seine Erkenntnis selbst mit Füßen tretend, ohne Wissen zu Gott streben muß, weil man dann zu jener Vermischung kommt, in welcher es ohne Erkenntnis Gewißheit gibt, wo die Dunkelheit Licht ist und die Unwissenheit Wissenschaft ist. Die Art und Weise aber, von der jener Kartäuser spricht, kann weder gelehrt noch gewußt werden, noch hat er sie selbst erprobt, wie er schreibt. Denn jeder Liebende, der ohne Wissen zur Vereinigung mit dem Geliebten strebt, muß notwendigerweise eine irgendwie geartete Erkenntnis wenigstens voraufgehen lassen, weil etwas gänzlich Unbekanntes weder geliebt noch gefunden werden kann und, wenn auch gefunden, nicht in Besitz genommen würde. Und so ist jener Weg, daß man ohne Wissen emporstreben soll, nicht zuverlässig und soll nicht schriftlich gelehrt werden[31].»

Dieser Brief gelangte 1454 über Konrad von Geisenfeld und Schlitpacher an Vinzenz von Aggsbach. Mittlerweile hatte Nikolaus in Brixen auch seine Schrift «De visione Dei» («Vom Sehen Gottes») geschrieben, und der Münchener Theologe *Marquard Sprenger* (†1474)[32] hatte eine Abhandlung mit dem Titel «Elucidarium mysticae theologiae» («Erleuchtung der mystischen Theologie») verfaßt, in der er Partei für Nikolaus von Kues gegen Vinzenz von Aggsbach ergriff. Über Schlitpacher erhielt Vinzenz nun Einsicht in «De visione Dei», in die Traktate von Waging und Sprenger, so daß er in der Lage war, in einem «Impugnatorium laudatorii doctae ignorantiae» («Angriff auf das Lob der *docta ignorantia*») gegen «Gerchumar» (= Gerson, ‹Chusa› und Marquard) 1454 zu Felde zu ziehen[33]. Er berief sich auf Thomas von St. Viktor, den Abt von Vercelli (= Thomas Gallus; Augustinerkanoniker; 1246, Verfasser einer «Expositio theologiae mysticae» des Dionysius) und Robert Grosseteste, den Bischof von Lincoln († 1253), die man als «Vercellinco» «Gerchumar» entgegenzusetzen habe. Und in Form eines *argumentum ad hominem* bezog er sich auf die Person des Cusanus selber: «Cusanus widerstand dem Hl. Geist, und er widersteht ihm heute immer noch. Der Hl. Geist nämlich hatte das Konzil zu Basel vereinigt, und Cusanus – nicht zufrieden damit, es gesprengt zu haben – hört nicht auf zu rechtfertigen, was er gegen die Kirche getan hat… Dieser Autor ist groß an Gestalt, groß an Mut, groß an Wissen und groß an Beredsamkeit, groß auch an Pfründen, fett an Reichtümern, und er hat Karriere gemacht. Jetzt will er sich wohl durch die Veröffentlichung neuer Lehren auch noch den Schein der Heiligkeit verschaffen. Der Herr möge mich und jeden Gläubigen vor der neu aus dem Ausland kommenden Lehre bewahren!»[34] Damit trat wie schon bei Wenck der Wechsel des Cusanus vom Konziliarismus zum Papalismus als kirchenpolitisches Argument in Aktion, so daß eine sachliche Diskussion in grundlegenden Fragen der mystischen Theologie ausfallen mußte. 1459 doppelte Vinzenz nochmals mit einer Schmähschrift gegen Cusanus nach, nachdem er sich inzwischen schon über vier, fünf Jahre zunächst mit Marquard Sprenger und Bernhard Waging – der schließlich 1459 noch ein «Defensorium laudatorii doctae ignorantiae» («Verteidigung des Lobes des gelehrten Nichtwissens») verfaßte – herumgeschlagen hatte. 1460 schläft die Kontroverse nach vielen kleinen Streitschriften und Briefwechseln zwischen den Beteiligten schließlich ein. Wer sich – abgesehen vom sachlichen Problem, das noch zu besprechen ist – in diese Kontroverse einliest, merkt sehr schnell, daß sich Cusanus in einem Teil des österreichischen Reformkatholizismus vor allem durch seine Abwendung vom Konziliarismus mißliebig gemacht hatte. Der keinesfalls so ungebildete Kartäuser Vinzenz von Aggsbach hatte in seiner Invektive gegen den Kardinal jedoch den entscheidenden Nachteil, daß er dessen Schriften – mit Ausnahme von «De idiota» und «De visione Dei» – kaum gelesen hatte und sich zu sehr von seiner kirchenpolitischen Mißstimmung hinreißen ließ[35].

Das Grundproblem der mystischen Theologie und die Lösung des Nikolaus von Kues

Um auf die Sachproblematik zurückzukommen, um die es den kirchenpolitisch nicht Verstörten in diesem Konflikt ging, ist auf einen Brief zurückzugreifen, den

Abt Aindorffer im Namen seiner Mitbrüder am 22. Sept. 1452 an Nikolaus von Kues geschrieben hatte. Mit dem Hinweis darauf, daß er, Nikolaus, «insbesondere in der so Wenigen ganz bekannten Mystik» «gründlichst bewandert» sei, gestatte er sich, ihm eine Frage zu stellen. Nämlich diese: «ob die fromme Seele ohne Vernunfterkenntnis oder ohne vorhergehendes oder gleichzeitiges Denken, allein durch den Affekt oder den Seelengrund, durch die sogenannte *synderesis* (Fünklein) Gott erreichen und unmittelbar in Gott gelangen kann. Viele mystische Theologen haben darüber Vieles geschrieben... Ja, sogar die durch eigene Erfahrung in der mystischen Theologie Bewanderten wissen nichts Angemessenes darüber zu sagen, auch wenn das geistige Erleben und Verkosten Gottes anscheinend empfohlen wird als vollkommenste und sicherste Erkenntnis Gottes, obzwar unwissend und gänzlich ohne Tätigkeit des Intellekts, ohne irgendwelches vorhergehendes logisches Denken und Forschen. Aber ach, diese Autoren täuschen sich selbst und andere. Und deshalb wäre es recht nützlich, bei den Weisen, Wissenden und Erfahrenen um Rat zu fragen, – aber es gibt nur recht wenige, die eine gesunde Antwort zu geben wissen[36].»

Diese scheinbar rein die psychologische Bestimmung der mystischen Erfahrung ins Auge fassende Frage hat ihren Widerhall in alle Tiefen der Theologie hinein, denn sie stellt die Problematik zur Diskussion, wie das Verhältnis des geschaffenen (Menschen-)Geistes zum ewigen Geist, der jenen als lebendigen personalen Partner einer Vereinigung mit sich erwählt hat, näherhin zu fassen sei[37]. Für Cusanus ist die Sachlage klar: Zwar muß er von sich selber gestehen, daß er «noch nicht verkostet» hat, «wie lieb der Herr ist» (Ps 33,9)[38]. Hingegen ist es für ihn gewiß, daß Erkenntnis und Liebe in der mystischen Erfahrung zusammenfallen. «Es ist unmöglich, daß der Affekt in Bewegung gesetzt wird, außer durch die Liebe. Und alles, was geliebt wird, kann nur als Gut geliebt werden. Niemand aber ist gut außer Gott, wie die Wahrheit selbst (Lk 18,19) sagt. Und ferner: Alles, was als Gut geliebt oder erwählt wird, wird nicht ohne alle Erkenntnis des Guten geliebt, weil es ja als Gut eingeschätzt und so geliebt wird. Es ist also in jeder solchen Liebe, durch die jemand in Gott geführt wird, irgendeine Erkenntnis, wenn er auch nicht weiß, was das ist, was er liebt. Es ist also ein Zusammentreffen von Wissen und Nichtwissen, oder ein wissendes Nichtwissen.[39]» Das Erkenntnismoment in diesem Zusammentreffen rührt von dem Anhangen an Gott, das der menschliche Geist im Glauben «an das göttliche Leben in unserer Menschennatur, – im Sohne Gottes, dem Menschensohn» empfängt. Schauen ist daher für Cusanus immer mit christlichem Glauben kombiniert. «Die Wahrheit... wird nur unsichtbar geschaut»[40]. Bei dieser Erkenntnis ist es Cusanus auch möglich, die Anweisung des Dionysius Areopagita an seinen Adressaten Timotheus in seiner «Theologia mystica», ohne Denktätigkeit «zum Geeintwerden... mit dem über allem Sein und Erkennen Liegenden»[41] emporzustreben, in seinem Sinn angemessen zu deuten. Es handelt sich dabei um ein dem menschlichen Geist aufgezwungenes Nichtwissen, eine Dunkelheit (vor dem allzu überhellen Licht Gottes), wenn das Intelligible auf dem Weg zur Anschauung Gottes sukzessive überwunden wird. Das bedeutet aber noch keine Aufhebung der Erkenntnisleistung. Denn Dionysius' Anweisungen zur Gottesschau setzen (in den Aussagen über Gott) eine doppelte Methode in Gang, nämlich den Weg der Bejahung *und* der Verneinung, und – in seiner «Mystischen Theologie» – «springt er über diese Zweiteilung hinweg in die völlige Vereinigung und Deckung oder allereinfachste Einheit, die nicht mehr doppelt ist, sondern unmittelbar über alle Verneinung und Bejahung, dorthin, wo die Verneinung zusammenfällt mit der Bejahung, die negative Theologie mit der affirmativen Theologie»[42].

In dieser in sich widersprüchlichen Koinzidenz ereignet sich die «geheimste Theologie, zu welcher *kein* Philosoph gelangt, noch gelangen kann, da das gemeinsame Grundprinzip aller Philosophie feststeht, nämlich, daß zwei kontradiktorische Gegensätze nicht zugleich wahr sein können. Deshalb muß der Mystiker, über alle Vernunft und Erkenntnis hinausgehend, ja, sogar sich selbst verlassend, sich der Dunkelheit anvertrauen: dann findet er, wie das von der Vernunft für unmöglich Erklärte, das Zusammenfallen von Sein und Nicht-Sein, zur Notwendigkeit selbst wird. Ja, wenn man nicht zu solch dichter Dunkelheit der Unmöglichkeit käme, so wäre es nicht die höchste Notwendigkeit, die in keinem Widerspruch steht zu jener Unmöglichkeit. Aber eben die Unmöglichkeit ist die wahre Notwendigkeit.»[43] Unwissenheit ist hier

Wissenschaft. Und es bleibt dabei: «jeder Liebende, der ohne Wissen zur Vereinigung mit dem Geliebten strebt, muß notwendigerweise eine irgendwie geartete Erkenntnis wenigstens voraufgehen lassen, weil etwas gänzlich Unbekanntes weder geliebt noch gefunden werden kann und, wenn auch gefunden, nicht in Besitz genommen würde.»[44] So kann und muß zwar der Verstand (die *ratio*) unwissend zu Gott emporstreben, der Affekt dagegen niemals, da er an ein Wissen vom Guten gebunden bleibt. Die sich steigernde Verbindung von kataphatischer (bejahender) und apophatischer (verneinender) Aussage zu einer *via eminentiae* (in der Gott nach Dionysius im Übermaß – also in negativer *und* positiver Weise – zugesprochen wird, was er ist: er ist überseiend, übergut usw.!) führt nach Cusanus die mystische Theologie «in die absolute Unendlichkeit»[45], nämlich das «Zusammenfallen der Gegensätze», in ein «Ende ohne Ende». «Niemand kann Gott mystisch schauen, als nur in der Dunkelheit des Zusammenfallens, das ist in der Unendlichkeit». In dieser Welt kann dieses «Verkosten von höchster Süßigkeit und Liebe» «nicht vollkommen empfunden werden»[46]. Die *visio beatifica,* die beseligende Schau, ist als eine vollkommene erst *in patria,* im Jenseits, denkbar. Mannigfach allerdings sind die Möglichkeiten eines Vorkostens *(praegustare) in via,* d.h. im Zustand der irdischen Pilgerschaft.

Um nun das, worum es Cusanus geht, den Tegernseern möglichst deutlich zu machen, hat er in seiner Schrift «De theologicis complementis» («Theologische Ergänzungen») aufgrund mathematischer Überlegungen «die göttliche Unendlichkeit» im Zusammenfall von unendlicher Kreislinie und unendlicher Gerader zu exemplifizieren versucht[47]. Diese geometrischen Figuren, deren Sprengung Cusanus mit dem Prädikat «unendlich» bewirkt[48], dienen ihm auch für die Umschreibung des göttlichen Sehfeldes, wie er es sowohl in seinem Brief wie in seiner Schrift «De visione Dei» («Vom Sehen Gottes») darstellt. Im Brief vom 14. September 1453 schildert er seine Bemühung um die mystische Theologie so, wie wenn er seine experimentelle Herleitung der mystischen Theologie im Rückgriff auf ein Gemälde schon im letzten Kapitel der «Theologischen Ergänzungen» geliefert hätte; in Tat und Wahrheit aber hat ihn diese Absicht zu der Schrift «De visione Dei» («Vom Sehen Gottes») geführt. Er schreibt im Brief: «Hier schalte ich ein Kapitel ein, wie das Bild des Alles und Jedes Schauenden, das ich da gezeichnet habe, uns in einem greifbaren Experimente zur mystischen Theologie führt; da ersehen wir ganz genau, wie der Blick des Unendlichen das All und jede Einzelheit gleich schaut und mit ganzer Liebe und Sorgfalt umfaßt, als hätte er allein nur auf dieses *eine* Wesen acht, und es kann ohne Offenbarung nicht begreifen, daß er in gleicher Weise acht hat auf jemand anderen... Ich habe einen Maler, der das Angesicht in der obigen Zeichnung richtig malen soll. Auch euch wird es einen wunderbaren Reiz gewähren, mit diesem Büchlein alles Erkennbare auf experimentalem Wege aufspüren zu können, hauptsächlich in der mystischen Theologie. Ich habe bis jetzt kein willkommeneres Mittel gefunden, das unserer Gebrechlichkeit helfen kann zum Begreifen dessen, was über uns hinausgeht[49].»

Das Bild des Alles-Sehenden, auf das sich Cusanus hier bezieht, stellt einen Bildtypus dar, der über die Darstellung des Hl. Antlitzes, insbesondere im sog. Veronikabild (im Mittelalter gedeutet als *vera icona* = wahres Bild des Herrn), auch Cusanus noch aus eigener Anschauung bekannt war[50]. In der Kapelle seiner Stiftskurie zu Koblenz besaß Nikolaus ein solches Bild der Veronika, das er – wie in seinem Brief selber berichtet – für Tegernseer Mönche kopieren ließ. Ikone und Kopie sind leider heute nicht mehr vorhanden. Seinen Traktat «De visione Dei» hat Cusanus daher mit Recht in «De possest» («Vom Können-Ist») auch «Libellus iconae» («Büchlein über die Ikone») genannt. Ihm müssen wir uns noch zuwenden, da darin der «experimentelle» Zugang zur mystischen Erfahrung, von dem Nikolaus in seinem Brief an die Tegernseer gesprochen hatte, breit und exemplarisch ausgeführt wird.

Nikolaus' Traktat «Vom Sehen Gottes»

Es lohnt sich, zunächst einen Blick auf die literarische Gestaltung dieses 25 Kapitel umfassenden Werks zu tun. Vom ersten bis ins vierte Kapitel ist es der Verfasser, der ein Leser-Du anspricht. Das tönt didaktisch, belehrend und insinuierend. Hingeführt zum Bild, belehrt über dessen Zauber und instruiert über dessen Symbolcharakter fühlt sich das Ich des Betrachters provoziert und ermächtigt zu eigener, augustinisch zwischen Gebet und Reflexion hin- und herbewegter Ich-Rede, die bis zum Ende des Traktats nicht mehr abbrechen wird[51]. Das ist rein literarisch ein Wagnis, da ein einsam sprechendes Ich leicht Gefahr läuft, sich allzusehr auf sich selber zu konzentrieren und daher langweilig zu werden. Hier ist der Spannungsbogen, innerhalb dessen sich die Rede des Betrachter-Ichs bewegt, allerdings so weit und umfassend, daß in den sich steigernden Dimensionen der Rede Spannungslosigkeit schon gar nicht aufkommen kann. Etwas Wesentliches kommt hinzu: Es handelt sich keinesfalls um ein Ich, das in einem modernen Sinn dem kläglichen Restbestand einer der Welt und Gesellschaft entzogenen und in sich demontierten Schwundstufe einer beschädigten menschlichen Persönlichkeit gleichkommt, geschweige denn um ein Ich, das – im Arrangement eines «Post-Histoire» – überhaupt in übermächtigen Strukturen unterzugehen droht, sondern um eine menschliche Person, deren Eingebundensein in kosmische und göttliche Bezüge wachsend deutlich wird. Zunächst könnte es ja scheinen, als ob der Blick des Alles-Sehenden dem Gesehenen eine Passivität aufzwänge, die ihn in seiner Freiheit beschränken, ja überhaupt amputieren könnte. Das genaue Gegenteil ist der Fall: Je mehr der Mensch sich vom Blick Gottes umfangen sieht, um so klarer wird ihm die Chance seiner Freiheit; zwar muß der Mensch sich im Bann dieses Blicks zunächst als ein Gefangener erkennen, aber nur in dem metaphorischen Sinn einer Erkenntnis, daß sein Eigenes in strenger Relation zum nichtanderen Göttlichen steht. Er macht die Erfahrung, die Meister Eckhart schon magistral folgendermaßen beschrieben hat: *Daz ouge, dâ inne ich got sihe, daz ist daz selbe ouge, dâ inne mich got sihet: mîn ouge und gotes ouge daz ist éin ouge und éin gesiht und éin bekennen und éin minnen* (Das Auge, mit dem ich Gott sehe, ist dasselbe Auge, mit dem mich Gott sieht: Mein Auge und Gottes Auge ist ein Auge und ein Antlitz und ein Erkennen und ein Lieben)[52]. Es ist die augustinische Erfahrung, nach der Gott mir innerlicher ist als ich mir selber bin *(Deus interior intimo meo)*, wonach demzufolge mein Sehen sich immer schon in die Einheit des Sehens Gottes überholt findet. Das heißt: In meinem Sehen muß ich mich als den «Gefangenen» der göttlichen Freiheit, in der die meine grundgelegt ist, erkennen, und in der Ratifikation dieser Freiheit tätige ich die meine. Das Gleiche gilt auch in der Umkehrung, deren Konsequenz Cusanus nicht scheut: Die Selbstidentität des Menschen mit sich selber ist auch der Grund für die Zuwendung Gottes an ihn: «Und da ich mich in schweigende Betrachtung versenke, antwortest du mir, Herr, in der Tiefe meines Herzens mit dem Wort: Sei du dein eigen, dann bin ich auch dein eigen *(sis tu tuus, et ego ero tuus)*[53].»

Trotz allem persönlichen Duktus des Traktats stellt er keinen Bericht über Nikolaus' eigene mystische Erfahrungen in einem autobiographischen Sinne dar. Aber auch kein mystischer Weg wird gewiesen, auf dem sich genau fixierbare Stufen und Grade, Gebetsmöglichkeiten und Übungen vorfänden. «Mystische Theologie» ist für Cusanus ein allgemein zugängliches menschliches Phänomen, das über sehr konkrete Denk- und Erfahrungsmodelle aufzuweisen ist. Wie andere Mystiker (z. B. Meister Eckhart), die sich nicht an psychologisch benennbare Stufen des geistlichen Lebens zu halten gewillt sind, sondern den Menschen bloß die fundamentalsten Gegebenheiten einer möglichen «Schau» Gottes, einer möglichen Vereinigung mit ihm bekannt geben möchten, weist Nikolaus mit aller Intensität seiner Argumentationsführung auf ein Paradox aller mystischen Erfahrung, auf die Möglichkeit, Gott gerade im Nicht-Erfahren erfahren zu können und zu müssen, auf seine alle menschliche Fassungskraft übersteigende «Unendlichkeit». Gerade die Gebetsform, welche die ganze Abhandlung innerlich und äußerlich strukturiert, verweist deutlich auf diesen Sachverhalt. Denn Gebet ist eine Redeform des Entbehrens, des Ausstands, der Sehnsucht mithin und der sie tragenden Liebe.

Das Verfahren, das Cusanus im Vorwort und in den ersten drei Kapiteln anwendet, um in das Sehen Gottes einzuführen, ist von unüberbietbarer Konkretheit. Religiöse Rede ist immer schon dadurch gekennzeichnet, daß sie «Erfahrbares und mehr als Erfahrbares» für die «Erschließung» göttlicher Transzendenz anwendet. Um Beispiele des Cusanus selber zu bringen: Unendlichkeit ist über das geometrische Modell von gerader Linie, Dreieck, Kreis und Kugel, deren Dimensionen man sich unendlich denkt, erfahrbar: Bei diesem Denkvorgang fallen alle diese Formen in eins, «so daß man Gott ebensowohl durch eine unendliche Gerade wie durch ein unendliches Dreieck, einen unendlichen Kreis oder eine unendliche Kugel versinnbildlichen kann»[54]. Nikolaus' Indienstnahme geometrischer Symbolik zur Erschließung göttlicher Transzendenz ist dabei zu wegweisender Geltung gekommen. «Die Metapher ist zur Bewegung fähig, kann Bewegung darstellen, wie es die zum Transzendieren anleitende ‹Sprengmetaphorik› des Cusaners am eindringlichsten bestätigt, die mit den geometrischen Figuren operiert und sie transformiert»[55]. Wenn in der «Docta ignorantia» gesagt wird: «Im unendlichen Kreise» oder «in der unendlichen Kugel sind Mittelpunkt, Durchmesser und Umfang identisch», so heißt das, daß darin Gott als die «unendliche Einheit», die «alles in sich enthält und alles aus sich entfaltet», gesehen werden muß[56]. Die übliche (begrenzte) Kreisvorstellung wird aber durch diese Definition, die ihre Vorgänger in der philosophischen Mystik hat, im Wortsinn «gesprengt», das heißt: unendlich gemacht.

Das Bild des Alles-Sehenden, das für unseren Traktat den konkreten Rahmen für die Vorstellung des unendlichen Gottes abgibt, soll die gegenseitige Beziehung zwischen Gott und Seele anzeigen. Unter der Voraussetzung, daß das Illusionäre des Bildgeschehens Realität wiedergibt, erweist sich die Doppeldeutigkeit des Traktattitels gerade vor diesem Bild als überraschende Eindeutigkeit: Suggeriert der Titel – als Genetivus objectivus gedeutet – die Fähigkeit des

Menschen, Gott zu sehen, so belehrt das Bild des Alles-Sehenden des Besseren, daß der Titel «Vom Sehen Gottes» letztlich und anfänglich als Genetivus subjectivus zu verstehen ist, erst danach allenfalls – wenn es dann überhaupt noch notwendig ist – als Objektivgenetiv. Damit sind die Weichen – gegen jede Erwartung des religiös besitzhungrigen Menschen – anders zu stellen: Ich sehe Gott nur, weil er mich immer und je schon im Auge hat. Allerdings nicht herrscherlich, besitzend, sondern eben so, wie es der Mensch von sich her nicht hoffen dürfte: in Liebe, Zuneigung und Freiheit. Menschliches Sehen ist vor Gottes Blick «verschränktes», d. h. objektgebundenes, sinnlich-irdisches Sehen, während demgegenüber das göttliche Sehen «absolut», «unverschränkt» ist. In ihm ist alles verschränkte Sehen als das Relative im Absoluten je schon enthalten. Das göttliche Sehen ist daher *contractio contractionum,* die Verschränkung aller Verschränkungen. Ins göttliche Sehen geht daher auch alles andere Welt-Aufnehmen ein, alle Maßweisen des Sehens, aber auch alle Wesensbestimmungen (Hören, Geschmack, Geruch, Getast, Sinn, Verstand und Vernunft usw.). Wer daher sinnvoll Theologie treiben will, d. h. sich über Gott äußern will, der muß eine *theologia in circulo,* eine Theologie mit Kreisstruktur betreiben, weil alle Eigenschaften in Gott sich gegenseitig bestätigen. Das Selbstsein jedes Seienden, das sich je als das einzige, um das es sich immer *zuerst* sorgt, erfährt und fühlt sich bestätigt durch den göttlichen Blick, der immer auch nur gerade es als Einziges anvisiert. Daher erfährt menschliches Sein das göttliche Sehen als eine sehr persönliche Form des Angenommenseins in Liebe, als Gnade, als Vorsehung.

Am Anfang des 4. Kapitels, wo diese Thematik aufklingt, findet ein Wechsel der Perspektive statt, von dem schon die Rede war: Der Redner im Traktat, dessen didaktische Leitung damit hinfällig wird, diagnostiziert beim Bildbetrachter Betroffenheit durch die geschilderte Provokation einer Umkehr der Verhältnisse: der Betrachtende erfährt sich als je schon Betrachteten. Damit ist der Betrachter bereit, in Freiheit seine Sehnsucht und die darin möglichen Erkenntnisse selber zu artikulieren. Der erste Redensakt des Betrachters ist – wie könnte es anders sein? – ein Akt der Dankbarkeit für die liebevolle «Umarmung» durch «die Süßigkeit meines Lebens», die Gott ist, und ein Akt des Versprechens, alle Bemühung darauf zu verlegen, sich dem lebenspendenden Sehen Gottes anzugleichen, sich immer empfänglicher für dieses Sehen und die darin geschenkte ewige Seligkeit zu machen. Denn darin liegt die höchste Erfüllung alles geistigen Verlangens.

Die Kapitel vier bis neun greifen weit aus in der leidenschaftlichen Beschreibung des Erfahrungsaspekts dieses doppelten Sehens, das zur mystischen Schau führt. Von seiten des Menschen – führt das 5. Kapitel aus – ist das Sehen eine Erfahrung, in der der «Wesenssinn alles Ersehnbaren in Deiner Weisheit» berührt wird, in welcher «in erfahrungshafter Berührung die Wonne alles Ergötzlichen ursprünglich» erfaßt werden darf. Das Sehen Gottes ist die Gnade, den verborgenen Gott erblicken zu dürfen. Daher ist das göttliche Sehen Erbarmen, Liebe. Dem Suchenden ist dieser göttliche Blick immer zuvor; er ist der verläßlichste Gefährte der irdischen Pilgerschaft des Menschen.

Im 6. Kapitel wendet sich der Verfasser der Schau von Angesicht selber zu: Das göttliche Antlitz entzieht sich jeder quantitativen Bestimmung; es lebt in und durch seinen Blick; sein Wesen ist Schönheit, die aufzunehmen Staunen und Bewunderung beim Betrachter erregen muß. Dabei paßt sich der Blick der göttlichen Augen dem Betrachter völlig an: So wie man ihn anschaut, so schaut er zurück. Das Licht des göttlichen Antlitzes ist so strahlend, daß es dem Fassungsvermögen des Menschen als Dunkelheit erscheint. Nur «verhüllt» ist es dem Menschen zugänglich. Um es sehen zu können, muß er «über alle Gesichter hinaus in ein geheimnisvolles und verborgenes Schweigen eintreten».

Ein Blick auf Ertrag (Kap. 7) und totale Geltung der Antlitz-Schau (Kap. 8) und auf den Weg zu dessen Erfassung (Kap. 9) umschreibt die Unausweichlichkeit dieses Blicks in der Absicht, dem Menschen zu zeigen, was ihm zu dessen Aufnahme abgefordert ist: der Sprung in die Unwissenheit, die allerdings eine belehrte ist. Im Bild des mächtigen Nußbaums wird das Verhältnis von Samenkraft und Frucht ermittelt. Im Überschreiten aller verschränkten, d. h. konkreten Samenkräfte gelangt man zum Grund aller Samensmöglichkeiten, der nicht mehr Samenkraft, sondern «absolute, losgelöste Kraft» in Gott ist. So erweist sich Gottes «absolutes Aussehen» – bei allem Abstand –

als «das natürliche Aussehen jeder Natur». Wer Gottes Antlitz schaut, der weiß alles. Soll oder kann man da noch Gott bitten, da Gott doch alles in allem ist? Die berühmte Antwort Gottes: «Sei du dein und ich werde dein sein». Gottes Blick entläßt und verfügt den Menschen in die Freiheit, die er selber ist. Der Mensch – so erwartet Gott – möge sein «eigenes Sein erwählen». Nochmals erweist sich Gottes Sehen als unbegrenzt: Es ist Lieben, Begründen, Lesen und in Sein verwandeltes Haben. Göttliches Sehen ist so sehr göttliche Seinsheit, daß in ihm alles, partikulares und universales Sein, verschränktes (individualisiertes, konkretes) und unverschränktes Menschsein geborgen sind. Für den Menschen ergibt sich daraus der Weg zum Sehen Gottes: Durch sein verschränktes Menschsein hindurchblickend gewahrt er das Urbild des Menschen *(exemplar, homo per se),* das sich im göttlichen Blick findet, der jenseits von Stehen und Bewegung «in einfachster und absolutester Unendlichkeit» ist (für den Betrachter des Alles-Sehenden heißt das: Du stehst und schreitest fort – gleichzeitig). Wiederum klingt hier das Thema der *Erfahrung* eines Eintretens in die Dunkelheit auf, in welcher der Zusammenfall der Gegensätze und die bare Unmöglichkeit, die sich je neu als Notwendigkeit erweist, dem Betrachter deutlich werden. Für die «gelehrtesten Philosophen» ist dieser Zusammenfall der Gegensätze unverständlich. Aber genau an diesem Punkt erhebt sich die Mauer des Paradieses, hinter der Gott wohnt. Gott läßt sich nur jenseits des Zusammenfalls der Gegensätze sehen.

Die nächsten vier Kapitel – 10 bis 13 – führen diesen Gedanken breit aus. Nochmals versetzt sich der Betrachter vor das Bild des Alles-Sehenden, und er merkt, der göttliche Blick ist ein sprechender Blick, der – ähnlich wie im Predigtvorgang – mit einem Wort alle Hörer trifft. Daran läßt sich nochmals der Zusammenfall von allem im göttlichen Blick ermessen. Sprechen, Sehen, Hören, Schmecken, Berühren, Überlegen, Wissen und Verstehen, Sehen und Gesehen-Werden, das ist alles eins in diesem seinsspendenden, sprechenden Blick. Alles wird durch das Wort dieses Blicks zu Leben und Sein erweckt. Dieses Wort ist ein einziger Begriff *(conceptus),* der alles ineins in sich enthält *(complicat).* Entwerfen und Reden ist dann Erschaffen, «Explizieren». Gott aber ist innerhalb der von Engeln bewachten Mauer des Paradieses: als Ewigkeit, in der Früheres und Späteres zusammenfallen, das Ende mit dem Anfang, das Alpha mit dem Omega, Adam und ich (was ja unmöglich ist, aber eben – im ewigen Gott – notwendig). Am Beispiel der *Uhr,* in der alle zeitliche Aufeinanderfolge begrifflich enthalten ist, wird gezeigt, wie die Aufeinanderfolge ohne Aufeinanderfolge in Gott denkerisch erfahrbar ist. Denn Gott ist jenseits der Mauer, jenseits von Einfaltung und Ausfaltung, jenseits der Gegensätze, in deren Zusammenfall zu finden. So ist denn Gott gleichzeitig sichtbar und unsichtbar für den Menschen. Auf jeden Fall wird er in jedem Sehakt gesehen, aber als einer, der geschöpflichen Gleichnissen – dem Spiegel, dem Samen – enthoben ist. Man muß die Mauer überspringen, um zur unendlichen, absoluten

Schau, zur Vollkommenheit und zur Überwindung aller Modalitäten des Sehens, zur unendlichen Kraft Gottes zu gelangen. So ist Gott alles zugleich: der Sehende, das Sichtbare und das Sehen. Hindernis, Gott angemessen zu sehen, ist die «Mauer der Widersinnigkeit des Zusammenfalls von Schaffen mit Geschaffenwerden». Jenseits davon ist der absolute, unendliche Gott. Ihn sehen bedeutet, ihn «unverhüllt» *(revelate)* zu erblicken. So ist Gott unsichtbar sichtbar als ungeschaffener Erschaffer. Im 13. Kapitel – das die Mitte des Werks darstellt – rückt die absolute Unendlichkeit Gottes *im* Garten des Paradieses – nach dem Übersprung – in den Blick. Nichts Sichtbares ist hier zu sehen. Der Betrachter weiß allein, daß er weiß, daß er nicht weiß, was er sieht, und daß er es nie wissen kann. Gott ist ihm ohne Namen, Begriff, Gleichnis und von allem Sagbaren losgelöst und frei. Er ist Unendlichkeit, Unwissenheit, Verdunkelung: Ende ohne Ende, unendliches Ende, in dem Dunkel und Licht, Unwissenheit und Wissen, Unmöglichkeit und Notwendigkeit koinzidieren. Der Zusammenfall aller Widersprüche verweist auf das darüber stehende Unendliche, das Widerspruch ohne Widerspruch, Andersheit in Einheit ohne Andersheit, absolute Einfachheit ist. Teil/Ganzes, groß/klein, Himmel/Erde, gleich/ungleich, alles Widersprüchliche koinzidiert namenlos. Denn Gott ist «hoch erhaben», indem er alles – die Linie, die Güte, die Quantität usf. – ins Unendliche überführt, er ist das nie verschränkbare, maßlose Maß von Allem.

Man wird nicht beckmesserisch sein dürfen: Wenn

Cusanus sagt, in Gott fallen alle Widersprüche zusammen, oder Gott ist jenseits der Widersprüche, so ist beide Male dieselbe absolute Unendlichkeit, die eins und einfach ist, gemeint. So sind die räumlichen Vorstellungen seines Modells – außerhalb und innerhalb der Mauer, der Übersprung – Kategorien einzig für den sich nähernden Menschen, aber nicht für Gott, der unkategorial ist und bleibt. Die Mauer steht für die Grenze, an die der Verstand *(ratio)* stößt, wenn er der Widersprüche ansichtig wird[57].

Mit diesem zentralen 13. Kapitel ist das Thema der mystischen Theologie in ihrem Wissensaspekt genügend erläutert. Kapitel 14 und 15 verdeutlichen das Gesagte nach zwei Seiten: Zunächst wird Gott als *complicatio* (In-Eins-Fassung), in der Andersheit nicht denkbar ist, aufgewiesen. Andersheit ist ans Nichts gebunden, Unendlichkeit dagegen ist absolut und rührt davon her, daß in ihr das eine nicht das andere sein kann. Sodann kehrt der Betrachter zum «gemalten Antlitz» zurück, in dem die «Gestalt der Unendlichkeit» als ein «lebendiger Spiegel der Ewigkeit», d. h. als «Seinkönnen» und «Wirklichsein» erblickt wird. Beides sind Ausfaltungen des Gedankens, daß Gott unendlich ist. Innerster Grund für die Sehnsucht des Menschen – so das 16. Kapitel – ist nochmals die Unendlichkeit. Sie leitet den Menschen an, alles Endliche und Begreifbare zu verwerfen. «In einer Art geistiger Entrückung» wird die Vernunft *(intellectus)* über sich hinausgeführt zum Erkennen ihres Nicht-Einsehens. Sättigung liegt exakt in diesem Nicht-völlig-einsehen-Können des Einsehbaren.

Das ist das Verzehrtwerden, das zur Unendlichkeit führt.

Die Kapitel 17 bis 25 bringen dann ein eigentlich neues Thema zur Sprache, die göttliche Trinität und die Menschwerdung in Jesus Christus. Diese Wendung zur christlichen Offenbarung ist im Grunde die Vollendung dessen, was mystische Erfahrung für den Menschen während seiner irdischen Pilgerschaft als mögliche Einheit mit Gott und für den Menschen nach dem Tode *in patria* die beseligende Anschauung Gottes sein wird.

Gott als dreieiner ist Thema von Kapitel 17–18. Die göttliche Dreieinigkeit ist im Grunde der exemplarische Fall eines Ineinsfalls. Nur ist hier der gemäße Aspekt der der Liebe: Liebender, Liebenswerter und deren Band machen die Dreieinigkeit aus, in der Mehrzahl und Einzahl ineinsfallen, so daß die Zahl an sich ausfällt. Nun stellt sich für Cusanus ein spezifisches Problem der mystischen Theologie: Was vermag ich von der «Süßigkeit dieser Schau» zu «kosten», wenn die Mauer des Paradieses die Möglichkeit meiner Vernunft, es zu sagen und einzusehen, verschließt? Es scheint, daß es möglich ist, «ein wenig» vom «süßen Geschmack» dieses göttlichen Liebesgeheimnisses «im voraus zu kosten». Warum? Das Gleichnis meiner eigenen Liebe, die mich als Liebenden, Liebenswerten und als beide umfassendes Liebesband gleichzeitig konstituiert, läßt das göttliche Eins in Drei nachvollziehen. Am Beispiel aber der Liebe, die über die Selbstliebe des Menschen hinaus auf ein anderes Objekt reicht (das mich nicht zu lieben braucht), läßt sich allerdings die Relativität dieses Vorauskostens aufweisen. Das macht den Beter wieder zaghaft. Immerhin aber läßt die göttliche Güte es zu, daß Blinde vom Licht reden und das Lob dessen verkündigen, «von dem sie nichts wissen und nichts wissen können, wenn es ihnen nicht geoffenbart wird». Paulus, «der über die Mauer des Zusammenfalles ins Paradies entrückt wurde», hat indes diese Möglichkeit einer direkten Offenbarung an den Menschen erwiesen. – Nochmals gesteigert eröffnet sich dem Betrachter im Gebet die der Dreieinigkeit innerliche Glückseligkeit, der sich «die Freiheit der verständigen Seele» nicht entziehen kann. Denn jede verständige Seele ist der göttlichen Liebe bräutlich vereint. Diese Liebe aber ist gleichzeitig in Gott erkennende, erkennbare Vernunft und die Verknüpfung beider, so daß die erschaffene Vernunft in ihr und mit ihr ihre Seligkeit erreichen kann. Denn die erschaffene Vernunft findet sich erleuchtet vor, und sie kann die Einung mit Gott erreichen, weil er liebenswert und einsehbar in einem ist. Die Verbindung, die in solcher Zuwendung entsteht, ist die der Kindschaft *(filiatio)*. Damit ist die Frage nach der Rolle von Erkenntnis oder Liebe in der mystischen Einungserfahrung im Sinne einer Gleichzeitigkeit beider gelöst.

Die letzten Kapitel (19–25) sind dem Gottmenschen gewidmet. Jesus Christus ist die Einung Gottes und des Menschen, er vermittelt alle Einung zwischen Gott und Mensch (als *medium unionis*), begründet alle Sohnschaft als deren Einfaltung. Die Verbindung der göttlichen mit der menschlichen Natur steht in gebührendem Abstand zur «unendlichen Einung» der Dreifaltigkeit, aber sie ist dennoch im Bereich des Irdischen die denkbar größte Einung. Denn in ihr ist der menschliche Verstandesgeist mit dem göttlichen Geist aufs innigste vereint wie Abbild und Urbild. Während das Urbild alles erkennt – Christus ist der Inbegriff alles Geschaffenen –, fühlt sich das Abbild in eine Bewegung einbezogen, in der es immer noch mehr erkennen möchte und auch kann. – Christus ist so die Verbürgung der Glückseligkeit für den Menschen. Er faßt in sich höchst Widersprüchliches: Schöpfer und Geschöpf, Anziehendes und Angezogenes, Endliches und Unendliches. Über seine Menschheit verläuft der Weg des Heils für alle Menschen. Der Glückselige subsistiert in ihm wie der Geeinte im Einenden.

Kapitel 22 fokussiert auf den Blick Jesu während seiner irdischen Pilgerschaft: Sein Blick berührte die Tiefen der Seelen der von ihm Betroffenen. Herz und Denken des Gesehenen waren ihm offen. So wurde ein an ein Organ verschränktes Sehen vereint mit absolutem und unendlichem Sehen. Denn Jesus schaute den Wesensbestand und das Wesenswas der Dinge, so anzeigend, wie die sinnliche Sehkraft in die vernunftbegabte Seele einbezogen ist. Daran läßt sich auch ermessen, wie die diskursiv schlußfolgernde Denkkraft (die *ratio*) etwas anderes ist als die Einsicht *(intellectus)*. Jesus, an dem sich diese Intensivierung der menschlichen Erkenntnismöglichkeiten ablesen läßt, ist daher das Urbild aller vernunfthaften Erleuchtung.

Obwohl gestorben, bewahrte Jesus – Kapitel 23 – seine Einung mit dem Leben, so daß er in eigener Kraft auferstehen konnte. In diesem Vorgang wurde die sterbliche menschliche Natur mit Unsterblichkeit bekleidet, damit allen Menschen die Chance der Auferstehung vermittelt werde. So ist denn Christus das Brot des Lebens, von dem Paulus in seiner Entrükkung kostete, von dem aber auch viele Streiter Gottes vorauskosteten. «Durch deinen körperlichen Tod hast du gezeigt, daß die Wahrheit das Leben des vernünftigen Geistes ist.» Oder umgekehrt: Nur im vernünftigen Geist ist die Wahrheit des Lebens erkennbar. Alle Einsicht aber hat sich dem Glauben an das Wort Gottes zu unterwerfen und auf die Belehrung dieses höchsten Meisters, der Christus ist, zu hören. Christus hat zwei Dinge gelehrt: Glauben und Liebe. – In Jesus hat Gott gänzliche Vollendung gestiftet. Kein Geist vermag auf den Geist Christi zu verzichten. Denn Christus hat sich der menschlichen Natur so anverlobt, daß hinfort zwischen den von Liebe erfüllten Geistern eine Offenheit besteht, in der sie sich gegenseitig ihre Liebesgeheimnisse offenbaren. Letztlich erweist sich alle Suche der einsichtvollen Geister als eine Suche nach dem, der als Jesus der Lehrer angesprochen wird: «Du läßt mich im Voraus die Süßigkeit des seligen Lebens kosten und lockst mich dadurch an, Dich, das unendliche Gut zu lieben. Du reißt mich hin, daß ich gleichsam über mir selbst stehe und im voraus den Ort der Herrlichkeit schaue, zu dem Du mich einlädst.»

Abschließend läßt sich über Nikolaus' Konzeption der mystischen Theologie (in der ein Erfahrungs- *und* Denkaspekt gleicherweise sichtbar wird) folgendes festhalten:

1. Das Objekt der mystischen Schau ist, da es die Natur Gottes selber ist, für den diskursiven Verstand des Menschen nicht einsehbar. Gott ist die Einheit, in der alles eingefaltet ist, er ist die Unendlichkeit, in der alle Widersprüche koinzidieren. In der Dunkelheit der Einsichtskraft *(intellectus),* in belehrter Unwissenheit kann der Mensch einen Schau-Blick in diese Dunkelheit hinein tun.

2. Die Vorbereitung zur Schau geschieht in der Anwendung von Bildern und Analogien. Das Bild des Alles-Sehenden ist dafür exemplarisch, ebenso das Bild der Paradiesesmauer. Aber auch die im Menschen sich verschlingende Gegenwärtigkeit von Erkenntnis und Liebe ist Modell für die in Gott wirkende Liebes- und Erkenntniskraft. Bestes Modell für die Schau ist natürlich der in Jesus Christus Mensch gewordene Gott, der im Glauben als die entscheidende Offenbarung für die Schau erkannt wird.

3. Die Schau in sich selber ist vom Verstand des Menschen her eine Unmöglichkeit. Die Vernunft *(intellectus)* hingegen als die der Koinzidenz der Widersprüche fähige Kraft ist in der Lage, in Dunkelheit und Nichtwissen die Gottheit zu schauen, wobei der im Glauben festgehaltene Christus als Vermittlung zum Dreieinen hin fungiert.

Es ist klar, daß in dieser mystischen Theologie der Vorrang von Vernunft und Einsicht selbstverständlich ist. Es wäre aber durchaus falsch, wollte man die starken emotional-affektiven Einschlüsse dieses Vernunftprocederes unterschätzen. Die literarische Form des inständigen Gebets, in die dieser Traktat gekleidet ist, ist ein Beleg für den Liebesaffekt, der den Aufschwung der Vernunft bei Cusanus trägt.

Anhang

Anmerkungen

1 Vgl. R. Haubst, Nikolaus von Kues, LfThuK 7, 988–991; E. Meuthen, Nikolaus von Kues 1401–1464, Münster [6]1982.

2 Vgl. dazu V. Redlich, Tegernsee, 95 ff.; R. Bauerreiss, Kirchengeschichte 5, 88 ff.; R. Haubst, Studien; M. de Gandillac, Lettres, 7 ff.; J. Hopkins, Debate; ders., Dialectical Mysticism.

3 Hopkins, Debate, 6 ff.

4 Haubst, Studien, 110.

5 A. a. O., 127.

6 A. a. O., 135.

7 Dupré, Schriften I, 543.

8 Haubst, Studien, 135.

9 Hopkins, Debate, 18.

10 A. a. O., 6.

11 G. Ritter, Via antiqua; G. Steer, Wenck, Das Büchlein, 17.

12 H. Blumenberg, Epochenschwelle.

13 M. Grabmann, Benediktinermystik.

14 W. Oehl, Mystikerbriefe, 542.

15 W. Baum, Nik. Cus. in Tirol, 62 f.; H. Rossmann, J. Keck.

16 Rossmann, Keck.

17 G. Müller, Deutsche Dichtung von der Renaissance bis zum Ausgang des Barock, Darmstadt [2]1957, 65.

18 Rossmann, wie Anm. 16, 331 f.

19 A. a. O., 331.

20 E. Vansteenberghe, Autour de la docte ignorance, 163.

21 Ausgabe Dupré, I, 530 f.

22 E. Vansteenberghe, wie Anm. 20, 165.

23 Rossmann, wie Anm. 16, 332.

24 H. U. von Balthasar, Herrlichkeit, Eine theologische Ästhetik, III/1: Im Raum der Metaphysik, Einsiedeln 1965, 369 f.

25 Insofern schließt sich Nikolaus von Kues an eine alte Form der Theologie an, die in der Weisheit, die durch Erfahrung – schmeckend – gelernt werden kann, ihre Spitze hat. Diesen «mystischen» Grundzug des Philosophierens gibt es sowohl bei den Franziskanern (F. Sakaguchi, Der Begriff der Weisheit in den Hauptwerken Bonaventuras, München 1968; C. Bérubé, De la philosophie à la sagesse chez S. Bonaventure et Roger Bacon, Roma 1976) wie bei den Dominikanern (vgl. die Weisheitsspekulation bei Heinrich Seuse).

26 Nikolaus von Cues, Der Laie über die Weisheit, Hg. von

E. Bohnenstädt, Menzel-Rogner, Hamburg [3]1954, 57

27 Ausgabe Dupré, I, 525.

28 Vgl. Rossmann, wie Anm. 16, 331; Baum, wie Anm. 15, 62 ff.

29 H. Rossmann, Leben und Schriften; ders., Die Stellungnahme.

30 Baum, wie Anm. 15,73.

31 Ausgabe Dupré, I, 553.

32 Vgl. Rossmann, Der Magister M. Sprenger.

33 Baum, wie Anm. 15, 74 f.

34 Nach Baum, a. a. O., 75.

35 A. a. O., 78.

36 Vansteenberghe, wie Anm. 20, 110; deutsche Übers. nach Oehl, wie Anm. 14, 548.

37 Zur Geschichte des Problems vgl. Daniel de Pablo, Amor y conocimiento en la vida mistica, Madrid 1979.

38 Vansteenberghe, wie Anm. 20, 113; deutsche Übers. nach Oehl, wie Anm. 14, 551.

39 Vansteenberghe, 111; Oehl, 549 f.

40 Vansteenberghe, 112 f.; Oehl, 551.

41 Theologia mystica, 1, 1.

42 Vansteenberghe, 114; Oehl, 552 f.

43 Vansteenberghe, 114 f.; Oehl, 553.

44 Vansteenberghe, 115; Oehl, 553.

45 Vansteenberghe, 116; Oehl, 554.

46 A. a. O.

47 Vansteenberghe, 116; Oehl, 554 f.

48 Zur mystischen «Sprengmetaphorik» vgl. H. Blumenberg, Paradigmen zu einer Metaphorologie, Archiv für Begriffsgeschichte 6 (1960), 131 f.

49 Vansteenberghe, 116; Oehl, 555.

50 Vgl. dazu E. von Dobschütz, Christusbilder, Untersuchungen zur christlichen Legende, Leipzig 1899, 40–262; P. Vignon, Le Saint Sudaire de Turin devant la science, l'archéologie, l'histoire, l'iconographie, la logique, Paris [2]1939, 141 ff. (mit vielen Bildbeispielen); H. Pfeiffer, The Shroud of Turin and the Face of Christ in Paleo-christian, Byzantine and Western Medieval Art, II, in: Shroud Spectrum International Nr. 10 (März 1984) 3–12; ders., Gottes Wort im Bild, Das Christusbild in der Kunst, München 1986, 35 ff.; A.-M. Dubarle, Histoire ancienne du linceul de Turin jusqu'au XIIIe siècle, Paris 1985; Chr. Schönborn, Die Christus-Ikone, Eine theologische Hinführung, Schaffhausen 1984, 38–41 (hier insbesondere wird deutlich gemacht, wie das Christus-Antlitz durchsichtig auf den Vater hin ist). Ob hinter dem im Bruder-Klausen-Betrachtungsbild zentralen Herrenantlitz nicht auch ein Alles-Sehender sich fin-

den läßt? Vgl. H. Stirnimann, Der Gottesgelehrte Nikolaus von Flüe, Drei Studien, Freiburg/Schweiz 1981, 220f., 276–278.

51 Zur Analyse von ‹De visione Dei› vgl. G. Stachel und Clyde Lee Miller, auf deren Ergebnisse ich mich bei meiner Untersuchung in mannigfacher Hinsicht abstütze.

52 Deutsche Werke, Bd. 1, 201, 5ff.

53 ‹Vom Sehen Gottes›, Kap. 7. Vgl. dazu Eugen Biser, Die glaubensgeschichtliche Wende, Eine theologische Positionsbestimmung, Graz 1986.

54 Mahncke, Unendliche Sphäre, 81f.

55 Blumenberg, wie Anm. 48.

56 Nach Mahncke, wie Anm. 54, 84f.

57 Miller, wie Anm. 51, 306.

Bibliographie

Textausgaben

Eine wissenschaftlichen Anforderungen voll genügende Edition von «De visione Dei» ist noch nicht erschienen; sie ist für Band VI der Heidelberger Akademie-Ausgabe angekündigt.

E. Bohnenstädt, Von Gottes Sehen, De visione Dei, Leipzig ²1944.

Nikolaus von Kues, Philosophisch-theologische Schriften, 3 Bände, hg. von L. Gabriel und kommentiert von D. u. W. Dupré, Wien 1964/66/67 («De visione Dei» in Bd. III, 93–219; zit. als Dupré mit Band- und Seitenzahl).

J. Hopkins, Nicholas of Cusa's Debate with John Wenck, Minneapolis ²1984.

Ders., Nicholas of Cusa's Dialectical Mysticism, Minneapolis 1985.

Nikolaus von Kues, De visione Dei, Das Sehen Gottes, Deutsche Übersetzung von H. Pfeiffer, Trier 1985.

E. Vansteenberghe, Le «De ignora litteratura» de Jean de Wenck de Herrenberg contre Nicolas de Cuse, Münster 1910.

Ders., Autour de la docte ignorance, Une controverse sur la théologie mystique au XVᵉ siècle, Münster 1915.

M. de Gandillac, Nicolas de Cues, Lettres aux moines de Tegernsee sur la docte ignorance, Paris 1985.

W. Oehl, Deutsche Mystikerbriefe des Mittelalters 1100–1550, Darmstadt ²1972.

Zur Deutung von «De visione Dei»

W. Baum, Nikolaus Cusanus in Tirol, Bozen 1983.

R. Bauerreiss, Kirchengeschichte Bayerns, 5. Bd.: Das XV. Jahrhundert, St. Ottilien 1974.

W. Beierwaltes, Identität und Differenz, Frankfurt a. M. 1980, 144–175.

J. Bernhart, Die philosophische Mystik des Mittelalters von ihren antiken Ursprüngen bis zur Renaissance, Darmstadt ²1980.

H. Blumenberg, Aspekte der Epochenschwelle: Cusaner und Nolaner, Frankfurt a. M. 1976.

K. Flasch, Die Metaphysik des Einen bei Nikolaus von Kues, Leiden 1973.
K. Forster, Anschauung Gottes, LfThuK 1, 583–591.
M. Grabmann, Bayerische Benediktinermystik am Ausgang des Mittelalters, Benediktinische Monatsschrift 2 (1920), 196–202.
Ders., Die Erklärung des Bernhard von Waging OSB zum Schlußkapitel von Bonaventuras Itinerarium mentis in Deum, Franzisk. Studien 8 (1921) 125–135.
Ders., Bernhard Waging († 1472), Prior von Tegernsee, ein bayerischer Benediktinermystiker des 15. Jahrhunderts, Stud. u. Mitt. z. Gesch. d. Benediktinerordens 60 (1946) 82–98.
R. Haubst, Das Bild des Einen und Dreieinen Gottes in der Welt des Nikolaus von Kues, Trier 1952.
Ders., Studien zu Nikolaus von Kues und Johannes Wenck, Münster 1955.
Ders., Die Christologie des Nikolaus von Kues, Freiburg i. Br. 1956.
Ders. (Hg.), Mitteilungen und Forschungsbeiträge der Cusanus-Gesellschaft, Bd. 1–17, Mainz 1961–86 (= MFCG).
N. Herold, Bild der Wahrheit – Wahrheit des Bildes, Zur Deutung des ‹Blicks aus dem Bild› in der Cusanischen Schrift ‹De visione Dei› in: V. Gerhardt, N. Herold (Hg.), Wahrheit und Begründung, Würzburg 1985, 71–97.
E. Hoffmann, Gottesschau bei M. Eckehart und Nikolaus von Cues, Festschrift H. Zangger, Bd. II, Zürich 1935, 1033–1045.
K. E. Kirk, The Vision of God, The Christian Doctrine of the Summum Bonum, New York ²1932.
K. D. Kuhnekath, Die Philosophie des Johannes Wenck von Herrenberg im Vergleich zu den Lehren des Nikolaus von Kues, Diss. Köln 1975.
W. Lossky, Schau Gottes, Zürich 1964.
D. Mahncke, Unendliche Sphäre und Allmittelpunkt, Beiträge zur Genealogie der mathematischen Mystik, Stuttgart ²1966.
E. Meuthen, Nikolaus von Kues, 1401–1464, Skizze einer Biographie, Münster ²1985.
Ders., Das 15. Jahrhundert, München 1980.
C. L. Miller, Nicholas of Cusa's ‹The Vision of God›, in: P. E. Szarmach (Hg.), An Introduction to the Medieval Mystics of Europe, Albany 1984, 293–312, 367–369.
O. Oppenheimer, Der Wahrheitsgehalt mystischer Erfahrung, oder: Mit Cusanus über Cusanus hinaus, Zs. f. phil. Forschung 26 (1972) 29–41.
V. Redlich, Tegernsee und die deutsche Geistesgeschichte im 15. Jahrhundert, Aalen ²1974.

G. Ritter, Via antiqua und via moderna auf den deutschen Universitäten des XV. Jahrhunderts, Darmstadt ^{2}1975.

J. Ritter, Die Stellung des Nikolaus von Kues in der Philosophiegeschichte, Blätter für deutsche Phil. XIII, 1/2, Berlin 1939, 111–155.

Ders., Docta ignorantia, Die Theorie des Nichtwissens bei Nicolaus Cusanus, Leipzig 1927.

H. Rossmann, Der Magister Marquard Sprenger von München und seine Kontroversschriften zum Konzil von Basel und zur mystischen Theologie, in: H.R. und J. Ratzinger (Hg.), Mysterium der Gnade, Festschrift J. Auer, Regensburg 1975, 350–411.

Ders., Die Geschichte der Kartause Aggsbach bei Melk in Niederösterreich, 2 Bände, Salzburg 1976.

Ders., Der Tegernseer Benediktiner Johannes Keck über die mystische Theologie, MFCG 13 (1978) 330–352.

Ders., Leben und Schriften des Kartäusers Vinzenz von Aggsbach, in: Die Kartäuser in Österreich, Bd. 3, Salzburg 1981, 1–20.

Ders., Die Stellungnahme des Kartäusers Vinzenz von Aggsbach zur mystischen Theologie des J. Gerson, in: Kartäusermystik und -mystiker, Bd. 5, Salzburg 1982, 5–30.

G. Schleusener-Eichholz, Das Auge im Mittelalter, 2 Bände, München 1985.

G. Stachel, Schweigen vor Gott, Bemerkungen zur mystischen Theologie der Schrift ‹De visione Dei›, MFCG 14 (1980) 167–181.

J. Stallmach, Der ‹Zusammenfall der Gegensätze› und der unendliche Gott, in: K. Jacobi (Hg.), Nikolaus von Kues, Einführung in sein philosophisches Denken, Freiburg i. Br. 1979, 56–73.

G. Steer, J. Wenck von Herrenberg, Das Büchlein von der Seele, München 1967.

P.M. Watts, Nicolaus Cusanus, A Fifteenth-Century Vision of Man, Leiden 1982.

N. Wicki, Die Lehre von der himmlischen Seligkeit in der mittelalterlichen Scholastik von Petrus Lombardus bis Thomas von Aquin, Freiburg/Schweiz 1954.

P. Wilpert, Bernhard von Waging, Reformer vor der Reformation, in: W. Goetz (Hg.), Festgabe für S.K.H. Kronprinz Rupprecht von Bayern, München 1953, 260–276.

Ders., Vita contemplativa und vita activa, Eine Kontroverse des 15. Jahrhunderts, in: Passauer Studien (Festschrift für Bischof Landesdorfer), Passau 1953, 209–227.

E. Vansteenberghe, Nicolas de Cuse, Frankfurt a. M. ^{2}1963.